dtv

Das Nachdenken über die Welt und ihre vielfältigen Erscheinungen, über den Menschen und seine Eigenheiten, Stärken und Schwächen, über Freude und Leid, das Glück und den Tod, den Kosmos und seine unvorstellbare Größe ist so alt wie die Menschheit. Dieses Buch lädt dazu ein, den unterschiedlichsten Ideen, Phantasien und Forschungen von Denkern, Dichtern und Wissenschaftlern aus Ost und West zu folgen, Anregungen aufzunehmen und sich eigene Gedanken zu machen, denn schon Buddha wusste: »Die Ursache des Leidens ist Unwissenheit, eine falsche Weise, die Wirklichkeit zu betrachten. Der Pfad der Befreiung ist der Pfad, die Dinge eingehend zu betrachten, um die wechselseitige Abhängigkeit, das Ineinandergreifen aller Dinge zu erfahren.«

Mit Buddha unterm Sonnenschirm

Ein Lesebuch für Nachdenkliche

Herausgegeben von
Brigitte Hellmann

Deutscher Taschenbuch Verlag

Von Brigitte Hellmann bei <u>dtv</u> herausgegeben:

Mit Sokrates im Liegestuhl (<u>dtv</u> 36182)
Der kleine Taschenphilosoph (<u>dtv</u> 34099)
Mit Kant am Strand (<u>dtv</u> 34200)
Mit Platon unter Palmen (<u>dtv</u> 34316)

Originalausgabe
Juni 2008
Deutscher Taschenbuch Verlag GmbH & Co.KG,
München
www.dtv.de
© Deutscher Taschenbuch Verlag
Umschlagkonzept: Balk & Brumshagen
Umschlaggestaltung: Wildes Blut, Atelier für Gestaltung, Stephanie Weischer
Umschlagfoto: © Corbis/Keren Su
Gesamtherstellung: Druckerei C. H. Beck, Nördlingen
Gesetzt aus der Stempel Garamond (10/12,5')
Gedruckt auf säurefreiem, chlorfrei gebleichtem Papier
Printed in Germany · ISBN 978-3-423-34488-3

Inhalt

Buddha

Das Erwachen

Als junger Mann, am Anfang meines Lebens, richtete ich meinen Blick auf den natürlichen Verlauf des Lebens und erkannte, dass alles, was existiert, Verfall und Tod und somit dem Leiden unterworfen ist. Und in mir kristallisierte sich der Gedanke, dass dies auch meine Natur ist. Ich unterliege denselben Gesetzen, denen alles unterliegt, was durch Geburt entsteht. Auch ich bin Krankheit, Verfall, Tod und somit dem Leiden unterworfen. Sollte ich nicht nach dem suchen, was jenseits von Werden und Vergehen liegt, nach der unvergleichlichen, vollkommenen Sicherheit des Nirvana, nach der vollkommenen Freiheit des Seins jenseits von Ursache und Wirkung?

Also widersetzte ich mich im ersten Aufwallen meines Unabhängigkeitsgefühls den Wünschen meines Vaters, schor mein dichtes schwarzes Haar, nahm die safrangelbe Robe und verließ mein väterliches Heim, um ein Leben in der Hauslosigkeit zu führen. So wanderte ich lange umher und suchte das, was heilsam ist, suchte nach dem unübertrefflichen Frieden des Geistes.

So gelangte ich schließlich in ein liebliches Wäldchen an einem klaren Fluss. Dort setzte ich mich unter einen großen Baum, in der sicheren Gewissheit, dass dies der richtige Ort sei, Verwirklichung zu erlangen.

Mit dem Auge des Geistes erkannte ich, wie die verschiedenen Erscheinungen aufgrund der Gesetze von Ursache und Wirkung ins Dasein treten. Und so, wie sie vor meinem Geist erschienen, machte ich sie mir zu eigen und ließ sie dann wieder los. So entstanden Wissen und Einsicht, und ich erkannte, dass hier das Unvergängliche liegt, das frei von Ursache und Wirkung ist. Dies war Freiheit.

Die Wirklichkeit, die sich mir erschloss, ist tief, schwer zu erkennen und zu verstehen, denn sie liegt außerhalb des begrifflichen Denkens. Sie ist subtil und unvergleichlich und kann nur von den wahrhaft Entschlossenen gefunden werden.

Den meisten Menschen gelingt es nicht, diese Wirklichkeit zu sehen, weil sie an Vergnügungen und Sinnesfreuden haften. Weil die Menschen so sehr an materiellen Dingen hängen, fällt es ihnen schwer zu erkennen, wie alles in Abhängigkeit von Ursachen und Wirkungen entsteht. Zu verstehen, dass alles, auch wir selbst, von allen anderen Erscheinungen abhängt und kein dauerhaft existierendes Selbst besitzt, ist eine schwere Aufgabe.

Wollte ich diese Wahrheit, diese Wirklichkeit lehren, so glaubte ich, würde niemand mich verstehen. Mein Mühen, meine Anstrengungen wären vergeblich.

Doch dann erhob sich in mir die Einsicht, dass ich diese Wahrheit dennoch lehren sollte, denn sie ist reines Glück. Es gibt Wesen, deren Sicht nur wenig getrübt ist, und ihnen gereicht es zum Schaden, wenn sie die Wahrheit nicht hören. Sie würden die Wahrheit erkennen.

Und so machte ich mich auf, die Wahrheit zu lehren:

> Für diejenigen, die bereit sind,
> steht das Tor zur Todlosigkeit offen.
> Wer hören kann, der möge die Fesseln,
> die ihn binden, aufgeben und eintreten.
>
> *Majjhima-Nikaya*

Platon

Wissen ist Wahrnehmung

SOKRATES: Fange nun an, und suche das Wesen des Wissens zu bestimmen. Daß du aber dazu nicht imstande seiest, das darfst du nicht wieder hören lassen. Denn wenn Gott will und du dich tapfer hältst, wirst du dazu auch imstande sein.

THEAITETOS: Angesichts deiner so nachdrücklichen Mahnung, lieber Sokrates, würde es wenig ehrenhaft sein, wollte man nicht auf alle Weise bestrebt sein vorzubringen, was man in sich hat. Meine Meinung also geht dahin: Der, welcher etwas weiß, nimmt dasjenige wahr, was er weiß. Demnach ist, wie es jetzt scheint, *das Wissen nichts anderes als Wahrnehmung.*

SOKRATES: So ist's recht und wacker, mein Sohn; denn so muß man seine Meinung sagen. Aber wohlan, laß uns gemeinsam prüfen, ob es eine echte oder eine Fehlgeburt ist. Wahrnehmung, behauptest du, sei Wissen?

THEAITETOS: Ja.

SOKRATES: Es scheint, du hast keine schlechte Bestimmung des Wissens gegeben, sondern diejenige, die auch Protagoras gab. Nur sagte er das nämliche auf eine andere Weise. *Er behauptet nämlich, der Mensch sei das Maß aller Dinge, der seienden, daß sie sind, der nicht seienden, daß sie nicht sind.* Du hast es doch gelesen?

THEAITETOS: Gewiß, und nicht bloß einmal.

SOKRATES: Meint er es also nicht so, daß für mich alles so ist, wie es mir erscheint, und für dich hinwiederum so, wie es dir erscheint? Mensch aber bin ich ebenso wie du?

THEAITETOS: Ja, so meint er es.

SOKRATES: Von einem weisen Mann aber darf man doch nicht annehmen, daß er Albernheiten redet. Wir wollen also seinem Gedanken nachgehen. Kommt es nicht öfters vor, daß beim Wehen des nämlichen Windes der eine von uns friert, der andere nicht, und der eine nur unmerklich, der andere heftig.

THEAITETOS: Gewiß.

SOKRATES: Wollen wir nun dann den Wind an und für sich kalt oder nicht kalt nennen, oder sollen wir mit Protagoras sagen, daß es für den Frierenden kalt, für den anderen aber es nicht sei?

THEAITETOS: Das letztere.

SOKRATES: Und so erscheint es doch auch jedem von beiden?

THEAITETOS: Ja.

SOKRATES: Das »erscheint« ist aber doch so viel wie »er nimmt wahr«.

THEAITETOS: So ist's.

SOKRATES: Also bei dem Warmen und allem Ähnlichen sind Erscheinung und Wahrnehmung dasselbe. Denn wie jeder etwas wahrnimmt, so scheint es auch für jeden zu sein.

THEAITETOS: Einverstanden.

SOKRATES: Wahrnehmung geht also immer auf das Seiende und ist untrüglich. Das kann aber nur dann der Fall sein, wenn sie Wissen ist.

THEAITETOS: So scheint's.

SOKRATES: Das hat doch wohl Protagoras, der ja, bei den Charitinnen, ein hochweiser Mann war, uns, als dem großen Haufen, nur in Rätseln angedeutet, während er seinen Schülern im geheimen die Wahrheit mitteilte?

THEAITETOS: Wie meinst du das, mein Sokrates?

SOKRATES: Ich will dir Auskunft geben, und zwar keine schlechte. Nämlich: Nichts ist an und für sich eines, und für nichts sind die Bezeichnungen »etwas« oder »ein irgendwie Beschaffenes« statthaft, sondern wenn du es groß nennst, wird es auch klein erscheinen, und wenn schwer, auch leicht, und so weiter durchgängig, indem nichts weder *etwas* noch *irgendwie beschaffen* ist. Vielmehr *wird*, und zwar aus Schwung, Bewegung und Mischung miteinander, alles, was wir mit falscher Bezeichnung *sein* nennen. Denn niemals *ist* etwas, sondern *wird* immer. Und darüber sind alle Weisen der Reihe nach, mit einziger Ausnahme des Parmenides, einverstanden, Protagoras und Heraklit und Empedokles, und von den Dichtern die hervorragendsten in beiden Gebieten der Dichtung, in der Komödie Epicharm und in der Tragödie Homer, der mit den Worten (Ilias 14, 201)

Auch der Okeanos, unsre Geburt und Tethys, die Mutter, alles

als entstanden aus Strömung und Bewegung bezeichnete.

Oder scheint er es dir nicht so zu meinen?

THEAITETOS: Ja.

SOKRATES: Wer könnte nun gegen ein so gewaltiges Heer mit Homer als Feldherrn an der Spitze Zweifel erheben, ohne sich lächerlich zu machen?

THEAITETOS: Keine leichte Aufgabe, mein Sokrates.

SOKRATES: Nein, gewiß nicht, mein Theaitetos. Der Satz, daß Bewegung die Ursache des scheinbar Seienden und des Werdens ist, die Ruhe dagegen die Ursache des Nichtseins und des Vergehens, wird auch durch folgende Beweise gestützt: Die Wärme nämlich und das Feuer, die doch auch erst alles andere erzeugen und durch ihren Einfluß beherrschen, werden selbst aus Schwung und Reibung erzeugt; das aber sind beides Bewegungen. Oder wären dies nicht die Entstehungsweisen des Feuers?

THEAITETOS: Sie sind es.

SOKRATES: Und was das Geschlecht der lebenden Wesen anlangt, so entsteht es doch aus den nämlichen Ursachen.

THEAITETOS: Unmöglich auf andere Weise.

SOKRATES: Und wie steht's mit dem körperlichen Wohlbefinden? Wird es nicht durch Ruhe und Trägheit untergraben, dagegen durch Leibesübungen und Bewegungen bedeutend gefördert?

THEAITETOS: Ja.

SOKRATES: Und was die Seelenbeschaffenheit anlangt, steht es da nicht so, daß die Seele durch Lernen und Übung, also Bewegungen, Kenntnisse erwirbt und bewahrt und sich bessert, während die Ruhe, die hier nichts anderes bedeutet als Mangel an Bildungstrieb und Lernbegier, zur Folge hat, daß sie nicht bloß nichts lernt, sondern auch, was sie gelernt hat, vergißt?

THEAITETOS: Sicherlich.

SOKRATES: Das eine also, nämlich die Bewegung, ist heilsam für Seele und Körper, das andere gerade umgekehrt.

THEAITETOS: Allerdings.

SOKRATES: Soll ich dir weiter reden von den Windstillen zu Wasser und zu Lande und ähnlichen Erscheinungen, daß nämlich die Ruhe Fäulnis und Verderbnis verursacht, das Gegenteil aber Gedeihen? Und soll ich dem Ganzen die Krone aufsetzen und beweisen, daß Homer mit dem goldnen Seile nichts anderes meint als die Sonne, und zeigt, daß, solange der Umschwung und die Sonne im Gange sind, alles im Himmel wie auf Erden Bestand hat und gedeiht, wenn aber einmal das Ganze wie gefesselt stillstünde, alle Dinge zugrunde gehen und, wie man zu sagen pflegt, das Unterste zuoberst gekehrt würde?

THEAITETOS: Ja, so ist es wohl, mein Sokrates; Homer will das zeigen, was du ihm beilegst.

SOKRATES: Mache dir nun also, mein Bester, folgende Vorstellung: zunächst, was das Sehen anlangt, sei, was du weiße Farbe nennst, weder etwas Gesondertes außerhalb deiner Augen noch auch in deinen Augen; auch darfst du keinen Ort dafür annehmen. Denn dann wäre es ja schon an bestimmter Stelle und bliebe da und wäre nicht im Werden begriffen.

THEAITETOS: Wie das?

SOKRATES: Laß uns unserer obigen Annahme folgen, daß nichts an und für sich eins sei. So wird sich uns ergeben, daß Schwarz und Weiß und jede andere Farbe aus dem Zusammentreffen der Augen mit der entsprechenden Bewegung entsteht, und das, was wir in jedem einzelnen Fall Farbe nennen, ist weder das auf etwas Treffende noch das, worauf es trifft, sondern ein Mittleres, das sich für jeden besonders gestaltet. Oder würdest du die Meinung verfechten, daß, wie dir jedesmal eine Farbe erscheint, sie auch einem Hunde und jedem beliebigen Geschöpfe erscheine?

THEAITETOS: Nimmermehr, beim Zeus.

SOKRATES: Und weiter. Erscheint einem anderen Menschen irgend etwas so wie dir? Hast du darüber volle Sicherheit oder nicht vielmehr darüber, daß nicht einmal dir selbst etwas als dasselbe erscheint, weil du dir selbst niemals gleichbleibst?

THEAITETOS: Dies scheint mir richtiger als jenes.

SOKRATES: Wenn nun das, was wir messen oder was wir berühren, groß oder weiß oder warm wäre, so würde es sich auch für einen anderen, der darauf stieße, niemals anders darstellen, solange es sich nicht selbst verändert. Wenn aber anderseits das Messende oder Berührende es wäre, dem diese einzelnen Eigenschaften innewohnten, so würde es seinerseits, wenn ein anderes herantritt oder etwas erleidet, ohne daß es selbst etwas erleidet, nicht ein anderes werden; während wir jetzt, mein Freund, uns genötigt sehen, mit wunderlichen und lächerlichen Behauptungen leichtfertig um uns zu werfen, wie Protagoras sagen würde und jeder, der dessen Meinung zu vertreten suchte.

THEAITETOS: Wie meinst du das?

SOKRATES: Ein einfaches Beispiel wird dir den Sinn meiner Worte völlig klarmachen. Wenn du sechs Würfel mit vieren vergleichst, so sagen wir, es seien mehr als vier und zwar anderthalbmal soviel, wenn aber mit zwölf, es seien weniger, und zwar halb soviel; eine andere Behauptung ist gar nicht möglich. Oder hältst du sie für möglich?

THEAITETOS: Ich nicht.

SOKRATES: Wie nun, wenn Protagoras oder sonst jemand dich fragte: Lieber Theaitetos, kann etwas größer oder mehr werden anders als durch Vermehrung? Was würdest du antworten?

THEAITETOS: Wenn ich, mein Sokrates, die mir richtig scheinende Antwort auf die letzte Frage geben soll, so würde ich sagen: Nein! Wenn ich aber mit Rücksicht auf die frühere Frage antworten soll, so werde ich sagen: Ja! Denn sonst würde ich mir widersprechen.

SOKRATES: Vortrefflich, bei der Hera, mein Freund, und göttlich! Allein wenn du mit Ja antwortest, so dürfte wohl etwas vorgehen, was an das Euripideische Wort (Eurip. Hippol. 612) erinnert: Unsere Zunge nämlich wird zwar unwiderlegt bleiben, aber nicht unser Gedanke.

THEAITETOS: So ist's.

SOKRATES: Wären wir nun, ich und du, geistesmächtige und weise Männer und hätten das ganze Reich der Gedanken durchforscht, so würden wir nunmehr uns allerhand Fallen stellen und als streitbare Sophisten, uns im Kampfe messend, Rede gegen Rede triumphieren lassen. So aber sind wir einfache Leute, und darum wollen wir zunächst ganz schlicht unsere Gedanken für sich daraufhin prüfen, ob sie uns miteinander übereinstimmen oder ob das gerade Gegenteil der Fall ist.

THEAITETOS: Das ist mein aufrichtiger Wunsch.

SOKRATES: Und erst recht der meinige. Da es sich nun so verhält, wollen wir da nicht in aller Ruhe als Leute, die reichliche Zeit haben, die Untersuchung nochmals beginnen und nicht ärgerlich werden, sondern uns selbst aufrichtig daraufhin prüfen, was es mit diesen Erscheinungen in uns auf sich hat. Erstens nämlich werden wir bei solcher Selbstbeobachtung wohl den Satz aufstellen, daß niemals irgend etwas größer oder kleiner wird weder an Masse noch an Zahl, solange es sich selbst gleich ist.

THEAITETOS: Ja.

SOKRATES: Zweitens: daß ein Ding, dem weder etwas hinzugesetzt noch abgezogen wird, weder je zunimmt noch abnimmt, sondern immer sich gleich ist.

THEAITETOS: Zweifellos.

SOKRATES: Nicht auch drittens, daß, was früher nicht war, später aber ist, dazu unmöglich gelangen kann, ohne geworden zu sein und zu werden?

THEAITETOS: Auch das scheint richtig.

SOKRATES: Diese drei Sätze widersprechen sich nun, glaube ich, in unserer Seele. Wir brauchen nur an das Beispiel mit den

Würfeln zu denken oder auch an folgenden Fall: Ich, ein Mann in diesem Alter, werde, ohne gewachsen zu sein oder abgenommen zu haben, innerhalb eines Jahres, während ich jetzt noch größer bin als du, der Jüngling, weiterhin kleiner sein, ohne daß *meine* Körpermasse sich verringert hätte, sondern dadurch, daß *du* gewachsen bist. Denn ich bin ja doch später, was ich früher nicht war (nämlich kleiner), ohne es geworden zu sein; und dies letztere müßte doch der Fall sein; denn ohne das Werden ist das Gewordensein unmöglich, kleiner aber würde ich nur dann, wenn (bis dahin, wo Theaitetos mich an Größe übertreffen wird) ich etwas von meiner Körpermasse verlöre. Und noch tausend und abertausend Fälle dieser Art lassen sich anführen, wenn wir dieses zulassen.

Du folgst mir doch, lieber Theaitetos? Wenigstens scheinst du mir in solchen Dingen nicht unerfahren zu sein.

THEAITETOS: Wahrhaftig bei den Göttern, mein Sokrates, ich komme nicht aus der Verwunderung heraus über die Bedeutung dieser Dinge, und zuweilen wird mir's beim Blick auf sie geradezu schwindelig.

SOKRATES: Ja, hier zeigt sich, mein Freund, daß Theodoros bei seinem Urteil über dich von einem ganz richtigen Gefühl geleitet wurde. Denn gerade den Philosophen kennzeichnet diese Gemütsverfassung, die Verwunderung. Denn diese, und nichts anderes, ist der Anfang der Philosophie, und derjenige scheint kein schlechter Genealoge zu sein, welcher die Iris für die Tochter des Thaumas erklärte. Aber siehst du aus dem, was unserer Meinung nach Protagoras behauptet, ein, weshalb dies sich so verhält, oder noch nicht?

THEAITETOS: Noch ist es mir nicht klar.

SOKRATES: Wirst du es mir also Dank wissen, wenn ich mit dir die verborgene Wahrheit des Gedankens eines berühmten Mannes oder vielmehr berühmter Männer erforsche?

THEAITETOS: Wie sollte ich dir nicht Dank wissen, und zwar den allergrößten?

Der Sonnenhymnus des Echnaton

Schön erstrahlst du am Himmelshorizont,
du lebendige Sonne, die von Uranfang lebt.
Wenn du aufgehst im Osten,
erfüllst du jedes Land mit deiner Schönheit.
Du bist licht, groß und glänzend,
hoch über jedem Land.

Deine Strahlen umfangen die Erde,
bis zum Ende all dessen, das du erschaffen hast.
Du bist Re, wenn du zu ihren Grenzen gelangst,
wenn du sie willfährig machst für deinen geliebten Sohn.
Bist du auch fern, deine Strahlen sind auf Erden,
du scheinst auf ihre Gesichter,
aber unerforschlich ist dein Lauf.

Gehst du unter im Westen,
dann ist die Erde dunkel, als wäre sie im Zustand des Todes.
Die Schlafenden sind in den Kammern,
bedeckt sind ihre Häupter, kein Auge sieht das andere.
Raubte man all ihre Habe unter ihren Köpfen hinweg,
sie merkten es gar nicht.

Alle Raubtiere kommen aus ihren Höhlen,
jede Schlange ist bissig,
die Dunkelheit ist ein Grab.
Schweigend liegt die Erde da,
denn ihr Schöpfer ist zur Ruhe gegangen in seinem Horizont.

Hell aber wird die Erde, wenn du im Horizont aufgehst.
Leuchtest du am Tage als Sonne auf,
dann schickst du deine Strahlen und vertreibst die Dunkelheit.

Die beiden Länder sind tagtäglich im Fest.
Was auf Füßen steht, ist aufgewacht, denn du hast sie
    aufgerichtet.
Ihre Leiber sind rein, und sie haben Gewänder angelegt,
ihre Arme sind in Anbetung erhoben, weil du erstrahlst.
Dann gehen sie ihrer Arbeit nach im ganzen Land.
Jedes Vieh ist zufrieden mit seinen Kräutern,
Bäume und Blumen wachsen.
Die Vögel fliegen aus ihren Nestern auf,
und ihre Hügel preisen deine Lebenskraft.
Alles Wild springt auf den Füßen umher,
alles, was fliegt und flattert, lebt,
seit du aufgegangen bist für sie.
Die Schiffe fahren stromab und stromauf,
jeder Weg steht offen, weil du leuchtest.
Die Fische im Strom springen vor deinem Angesicht,
denn deine Strahlen dringen auch in die Tiefe des Meeres.
Du, der du den Samen in den Frauen reifen lässt,
der du Flüssigkeit zu Menschen machst,
der du den Sohn am Leben erhältst im Leib seiner Mutter
und ihn beruhigst, dass er nicht weint.

Du Amme im Mutterleib,
die du Atem gibst, um alle Geschöpfe am Leben zu erhalten.
Kommt das Kind aus dem Leib heraus am Tage seiner
    Geburt,
dann öffnest du seinen Mund zum Atmen
und schaffst ihm, dessen es bedarf.
Wenn das Küken im Ei noch in der Schale piept,
gibst du ihm die Luft, um es am Leben zu erhalten.
Du hast ihm seine Frist gesetzt, um die Schale zu zerbrechen.
Dann kommt es heraus aus dem Ei, um sich zu melden zu
    seiner Frist,
es läuft auf seinen Füßchen, wenn es herauskommt aus ihm.

Wie vielfältig sind deine Werke, die vor dem Angesicht
    verborgen sind,
du einziger Gott, desgleichen nicht ist!
Nach deinem Wunsch hast du die Erde geschaffen,
du ganz allein,
mit Menschen, Tieren und jeglicher Kreatur,
mit allem, was auf der Erde ist und mit Beinen umherläuft,
mit allem, was in der Luft ist und mit seinen Flügeln fliegt
in den Ländern Syrien und Nubien, dazu im Land Ägypten.
Jeden Mann setzt du an seinen Platz und schaffst,
        was sie brauchen.
Jeder hat seine Nahrung, und seine Lebenszeit ist bestimmt.
Im Reden sind die Zungen verschieden,
ebenso ihr Wesen und ihr Aussehen,
denn du unterscheidest die Völker.
Du schufst den Nil in der Unterwelt
und brachtest ihn herauf nach deinem Willen,
um die Menschheit am Leben zu erhalten,
so wie du sie geschaffen hast,
du, ihrer aller Herr, der sich abmüht mit ihnen.
Du Herr aller Länder, für die du aufgehst,
du Sonne des Tages, gewaltig an Erhabenheit!

Du lässt auch alle fernen Länder leben,
denn du hast einen Nil an den Himmel gesetzt,
der zu ihnen herabfällt.
Eine Flut auf den Bergen bewirkt, dem Meere gleich,
dass ihre Äcker befeuchtet werden mit dem, was sie brauchen.

Wie herrlich sind deine Ratschlüsse,
du Herr der unendlichen Dauer!
Du hast den auswärtigen Völkern den Nil am Himmel gegeben
mit allen fremden Tieren dazu,
die auf ihren Beinen herumlaufen.

Aber der wahre Nil kommt aus der Unterwelt nach Ägypten!
Deine Strahlen säugen alle Felder.
Wenn du aufgehst, leben sie und wachsen für dich.
Du hast die Jahreszeiten geschaffen,
damit deine Geschöpfe gedeihen können,
den Winter, um sie zu kühlen, und die Sommerglut,
        damit sie dich spüren.
Den Himmel hast du fern gemacht, um an ihm aufzugehen,
um alles schauen zu können, was du geschaffen hast.

Einzig bist du, wenn du aufgegangen bist,
in all deinen Bildern als lebendiger Aton,
der erscheint und erglänzt, sich entfernt und sich nähert.
Du schaffst Millionen Gestalten aus dir allein,
Städte und Dörfer, Fluren, Wege und Wasser.
Alle Augen sehen sich dir gegenüber,
wenn du als Tagessonne über dem Land stehst.
Aber wenn du fortgegangen bist
und dein Auge nicht mehr da ist, das du um ihretwillen
        geschaffen hast,
damit du nicht allein nur dich selbst schaust und das,
        was du geschaffen hast –
auch dann bleibst du in meinem Herzen!
Denn kein anderer ist es, der dich kennt,
als dein Sohn Nefercheperure (Echnaton);
ihn lässt du deine Absichten und deine Macht erkennen.

Die Welt entsteht auf deinen Wink,
so wie du sie geschaffen hast.
Bist du aufgegangen, so leben sie,
gehst du unter, so sterben sie.
Du selbst bist die Lebenszeit,
denn man lebt nur durch dich.
Die Augen schauen auf deine Schönheit,

bis du zur Ruhe gehst.
Die Arbeit steht still, wenn du im Westen untergehst.
Dein Erscheinen aber macht alle Arme für den König stark,
und Eile ist in jedem Bein.
Seit du die Erde gegründet hast,
erhebst du sie für deinen Sohn,
der aus deinem Leib hervorgegangen ist,
den König von Ober- und Unterägypten,
Nefercheperure Echnaton.

Arnold Benz

Die Zukunft des Universums

Vor rund viertausend Jahren machten ägyptische Astronomen die ersten bekannten Voraussagen über Jahreszeiten und somit die Überschwemmungen des Nils. Ab 700 v. Chr. konnten Babylonier Mond- und Sonnenfinsternisse voraussagen. Heute werden in der Astronomie zukünftige Planetenbahnen, Bedeckungen von Doppelsternen, Ebbe und Flut, Präzession der Erde, Flugbahnen von Sonden und vieles mehr vorausgesagt. Wir verlassen uns täglich auf wissenschaftliche Voraussagen, sei es über das Funktionieren von Maschinen, die Zuverlässigkeit von Betonkonstruktionen oder die Materialermüdung in tragenden Flugzeugteilen. Vorhersagen zukünftiger Geschehnisse sind zunächst nur unüberprüfbare Behauptungen und erst falsifizierbar, wenn das Ereignis eingetreten ist. Darauf können wir im Bereich der Astrophysik nicht immer warten. Unter vielen möglichen Prognosen muss jene ausgewählt werden, die sich in der Vergangenheit am besten bewährt hat. Ähnlich wie Erklärungen vergangener Ereignisse sind wissenschaftliche Vorhersagen Modelle, die auf bekannten Fakten und Erfahrungen gründen. Sie beanspruchen weder völlig zuverlässig noch absolut wahr zu sein. Es überrascht jedoch kaum, dass die wissenschaftliche Literatur über die Zukunft des Universums verschwindend klein ist. Jene, die sich mit den fernsten Regionen im Reich der Möglichkeiten befasst, ist so spekulativ wie die Theorien des Anfangs.

Es gibt keine Prognose ohne Annahmen. Die einfachste Wettervorhersage ist die Annahme von Persistenz: Es bleibt, wie es ist. Das stimmt für das Wetter meistens über Stunden und oft einen oder zwei Tage, selten für länger. Eine bessere Vorhersage erhält man unter der Annahme, dass nicht der Zustand andauert, sondern bestimmte Gesetze gelten, welche die Zustände hervorbringen. Die Naturgesetze sind bekannt, welche die Strömungen der Atmosphäre, die Bildung von Wolken und das Auskondensieren von Schnee und Regen beschreiben. Aufgrund der beobachteten Wetterlage können Großcomputer die Wetterentwicklung vorausberechnen. Die Resultate sind die bestens bekannten Wetterprognosen mit ihrer manchmal etwas enttäuschenden Zuverlässigkeit. Die Gleichungen der Erdatmosphäre sind hochgradig nichtlinear, sodass (...) langfristige Vorhersagen nicht möglich sind. Immerhin lassen sich aufgrund der Erhaltungssätze, insbesondere der Energie, gewisse Grenzwerte angeben, die nicht überschritten werden. So ist es zum Beispiel der gegenwärtigen Sonneneinstrahlung nicht möglich, irgendeinen Punkt auf der Erdoberfläche auf über 100° C zu erwärmen. Dieses Resultat von Modellrechnungen stimmt mit Beobachtungen an Lebewesen überein, die in den vergangenen 3,5 Milliarden Jahren in Gesteinen eingelagert wurden. Mit Ausnahme von einfachen thermophilen Bakterien hätte keine dieser Lebensformen eine höhere Temperatur überlebt. Selbst Erhaltungssätze sind nicht über alle Zweifel erhaben, denn sie sind aus begrenzten Erfahrungen hergeleitet, und vielleicht kennen wir nicht alle Faktoren, welche die

Zukunft bestimmen. Für unsere Prognosen werden wir uns dennoch auf Erhaltungssätze stützen müssen als den »eisernen Rahmen«, innerhalb dessen die Entwicklung zum Teil offen ist.

Sonne und Erde werden vergehen

Wie lange die Sonne noch scheinen wird, lässt sich sicherer vorhersagen als das Wetter des nächsten Monats. Die Sonne enthielt ursprünglich $1{,}3 \cdot 10^{27}$ Tonnen Wasserstoff. Bei seiner Verschmelzung von je vier Atomkernen zu einem Heliumkern wird etwa ein Hundertstel der Masse als Energie freigesetzt. Eine einfache Rechnung ergibt, dass dieser Energievorrat bei der jetzigen Leuchtstärke für 71 Milliarden Jahre reichen würde. Trotzdem hat sich die Sonne seit ihrer Entstehung vor erst 4,6 Milliarden Jahren bereits verändert. Wasserstoff wurde bisher nur im innersten Teil der Sonne, dem Kern, verschmolzen. Schon wenn wenige Prozente des Wasserstoffs verbraucht sind, und das ist heute bei der Sonne bereits der Fall, wandelt sich der Aufbau eines Sterns. Der mit Helium angereicherte Kern wird dichter und heißer. Beide Umstände beschleunigen die nukleare Fusion und bringen sie dazu, mehr Wärme zu produzieren. Die Oberfläche des Sterns dehnt sich aus, die Leuchtkraft nimmt zu, und die Lebenszeit verkürzt sich. Sobald etwa zehn Prozent des Wasserstoffs verbraucht sind, wird diese Entwicklung immer schneller und verbraucht den Energievorrat in viel kürzerer Zeit als in der erwähnten Dauer. Der alternde Stern wird so groß, dass sich seine Oberfläche abkühlt und rötlich wird. Er kommt in die gut bekannte Phase der Roten Riesen und verbrennt in einem grandiosen Finale den Großteil seines Energievorrates in kurzer Zeit.

Die Modellrechnungen stimmen recht gut mit den Beobachtungen an benachbarten sonnenähnlichen Sternen überein, die der Sonne im Alter und in ihrer Entwicklung voraus oder hinter ihr zurück sind. Ich habe auch die andere Möglichkeit zur Nachprüfung der Voraussagen in Sternhaufen beschrieben, in denen alle Sterne ungefähr dasselbe Alter haben. Infolge verschiedener Massen sind sie aber in ihrer Entwicklung verschieden weit fortgeschritten. Ein eindrucksvolles Beispiel ist der rund zehn Milliarden Jahre alte Kugelsternhaufen 47 Tucanae, bei dem alle Sterne mit etwas mehr Masse als die Sonne daran sind, Rote Riesen zu werden, die massiveren bereits diese Phase erreicht haben und die massereichsten Sterne schon längst zu Weißen Zwergen, Neutronensternen oder Schwarzen Löchern wurden.

Seit der Entstehung der Sonne hat die totale Leuchtkraft ihrer Strahlung bereits vierzig Prozent zugelegt. In weiteren 5,5 Milliarden Jahren wird sie sich gegenüber heute verdoppeln. In den nachfolgenden dreihunderttausend Jahren wird der Kern schrumpfen, die Wasserstoffverschmelzung verlagert sich in eine Schale um den Kern, und die Farbe der Oberfläche wechselt auf Rot. Innerhalb einer weiteren Milliarde Jahre wird die Leuchtstärke um einen Faktor tausend zunehmen.

Als Roter Riesenstern wird die Sonne einen ganz anderen Kern haben als heute. Seine Materie wird in einem merkwürdigen Zustand sein, da die Dichte etwa zehn Kilogramm pro Kubikzentimeter betragen wird. Das Gas der Elektronen wird aus diesem Grund entartet sein und die Temperatur so gut leiten, dass sie im Kern überall gleich ist. Schrumpft nun der Kern weiter und übersteigt die Temperatur hundert Millionen Grad, werden Heliumatomkerne zu Kohlenstoff- und Sauerstoffkernen verschmelzen. Wegen der Uniformität der Temperatur wird die Reaktion fast simultan im ganzen Kern beginnen und innerhalb weniger Jahrhunderte ablaufen. Dieser sogenannte Helium-Flash wird sich nur im Kern ereignen. Dreißig Millionen Jahre werden vergehen, bis die produzierte Wärme die Oberfläche sichtbar verändern wird. Ein letztes Mal wird sich die Sonne dann ausdehnen, ihre maximale Größe vom Hundertfachen des heutigen Durchmessers erreichen, und ihre Leuchtkraft wird zweitausendmal den jetzigen Wert übertreffen. In dieser Phase wird sich vielleicht ein planetarischer Nebel bilden, indem sich ihre äußerste Schicht lösen und als blaurot leuchtende Hülle in den interstellaren Raum expandieren wird. Sie wird für dreißigtausend Jahre etwaigen Zuschauern in der ganzen Milchstraße ein großartiger Anblick sein.

Dann wird die Sonne den Raum bis etwa zur Venusbahn ausfüllen. Merkur und Venus werden in ihren heißen Gasen verglühen. Auf der Erde wird die Sonne am Tag ein Drittel des Himmels überdecken und eine alles versengende Hitze ausbreiten. Alle Ozeane werden verdunsten, ihr Dampf und die Luft werden infolge der Hitze in den Weltraum entweichen. Die Oberfläche wird über 1500° C heiß, sodass selbst das Gestein zum Teil flüssig wird. Es wird kein Leben mehr auf der Erde geben, weder thermophile Bakterien noch Viren werden überleben. Selbst alle Spuren des Lebens werden ausgelöscht.

Zu dieser Zeit wird es auch im äußeren Sonnensystem heiß werden. Noch in der Distanz des Pluto wird die Strahlung der Sonne den Wert, der heute die Erde erreicht, knapp übertreffen. Der Methan- und Wassereispanzer von Pluto wird schmelzen, und vielleicht wird dort eine Kolonie unserer Nachfahren eine neue Zivilisation gründen. Vergessen wir aber nicht, dass sich die Gattung des *Homo* schon innerhalb der letzten Million Jahre körperlich und geistig stark entwickelt hat. Unsere Art des *Homo sapiens* hat sich erst vor rund zweihunderttausend Jahren herausgebildet. Die Kolonisten in 6,8 Milliarden Jahren könnten sich so verändert haben, dass sie uns kaum als Artgenossen anerkennen würden, sollte die Evolution des Menschen auch nur mit einem Tausendstel der bisherigen Geschwindigkeit weitergehen.

Nach einigen weiteren zehn Millionen Jahren wird die Sonne endgültig schrumpfen. Ihre Oberfläche wird heiß werden durch die Kontraktion und von weißer Farbe sein. Sie wird ein Weißer Zwerg mit einem Durchmesser von ungefähr demjenigen der Erde und der Dichte von einer Tonne pro Kubikzentimeter. Jedoch wird die Leuchtkraft der Sonne nur noch ein Zehntausendstel von heute sein, sodass es im Sonnensystem eiskalt wird. Die Erde wird sich auf die Weltraumkälte von −270° C abkühlen. Es wird keinen Zufluchtsplaneten mehr geben, es sei denn, die künftigen Lebewesen bauten ihn in Sonnennähe selber. Erst in 100 Billionen (10^{14}) Jahren wird die Sonne völlig erkaltet sein. Sie wird dann nicht mehr eine Gaskugel sein wie heute, vielmehr erstarrt sie zu einem kristallartigen Material, einer Kugel so groß wie die Erde und mit einer Gashülle von wenigen Metern Dicke. Menschen könnten dort nicht leben, da die Schwerkraft das Hunderttausendfache des irdischen Wertes übertrifft und sie am Boden plattdrücken würde.

Das Universum wird nicht bleiben, wie es ist

Wird das Universum überhaupt in 100 Billionen Jahren, dem Zehntausendfachen seines heutigen Alters, noch existieren? Gemäß dem heutigen Wissen über kausale Naturvorgänge hängt das davon ab, ob die kosmische Expansion weitergeht oder ob die Masse des gesamten Universums genügt, um diese Bewegung abzubremsen und zum Kollaps zu bringen. Wie bereits erwähnt, ist die Antwort noch umstritten. Einerseits ist die Dichte der Sterne und Gaswolken – die selbstleuchtende, sichtbare Masse – fast hundertmal zu klein, um die Expansion zu stoppen. Die Masse der Galaxien, die nötig ist, um die Umlaufgeschwindigkeiten der entfernten Kugelsternhaufen und Satellitengalaxien um ihre Muttergalaxien zu erklären, und die auch unsichtbare Masse einschließt, ist immer noch um einen Faktor zehn zu klein. Diese Zahlen haben sich seit mehr als dreißig Jahren nicht wesentlich verändert. Andererseits sagt das

Inflationsmodell des frühen Universums den Grenzfall zwischen Kollaps und Expansion voraus.

Die meisten Theoretiker vermuten, dass die fehlenden neunzig Prozent der Materie noch gefunden werden, vielleicht in Form von Neutrinos oder noch unbekannten Elementarteilchen oder als Vakuumsenergie. Nach diesem unter Fachleuten heute meistverbreiteten Modell mit der kritischen Massendichte würde sich das Universum unendlich weiter, aber immer langsamer ausdehnen. Im mathematisch idealen Fall käme es nach unendlicher Zeit zum Stillstand.

Die Differenz zwischen beobachteter und theoretisch vorausgesagter Massendichte könnte auch mit der Annahme erklärt werden, dass wir in einem unterdurchschnittlich dichten Teil des Universums leben. Dieser Teil würde unendlich expandieren, während andere Teile zu riesigen Schwarzen Löchern kollabieren könnten, aus denen es kein Entrinnen, nicht einmal Lebenszeichen in Form elektromagnetischer Emissionen gäbe.

Die Zukunft der kosmischen Expansion ist noch genügend unklar, dass auch Theorien zum universalen Kollaps weiterverfolgt werden. Eine Million Jahre vor dem »Big Crunch«, wie dieser bildhaft unheimlich auf Englisch genannt wird, würde die kosmische Hintergrundstrahlung so intensiv werden, dass alles Leben wie in einem Mikrowellenofen verbrennen würde. Man könnte sich vorstellen, dass das Universum schließlich wieder in das Vakuum eintauchen und verschwinden würde, aus dem es vielleicht entstanden ist. Es würde sich durch nichts vom Urvakuum vor dem Universum unterscheiden. Immer wieder liest man ferner von Modellen eines periodisch pulsierenden Universums, das nach einem Kollaps wieder expandiere. Dafür gibt es allerdings weder physikalische noch astronomische Anhaltspunkte, und Theorien dieser Art sind extrem spekulativ. Denkbar wäre hingegen, dass aus dem Vakuum irgendwann spontan wieder ein Universum entsteht.

Wir bleiben bei der durch die Beobachtungen favorisierten

Annahme, dass sich das Universum unbegrenzt ausdehnen wird. Allgemein hat dann die Gravitation die Tendenz, die Materie des Universums zu strukturieren, sei es zu Galaxien, Sternen oder Schwarzen Löchern. Es gibt genügend Wasserstoff in unserer Galaxie, der Milchstraße, dass die Sternproduktion noch einige zehn Billionen (10^{13}) Jahre weitergehen kann. Selbst die Sterne mit kleinerer Masse als die Sonne, die extrem langlebig sind, werden aber in 10^{14} Jahren alle zu Weißen Zwergen kontrahiert sein. Wie lange noch neue Sterne entstehen werden, das hängt von der Natur der unsichtbaren Materie ab. Aussagen darüber sind daher noch ungenau. Es scheint indessen plausibel zu sein, dass irgendwann der Vorrat an Wasserstoff aufgebraucht und die Entstehung neuer Sterne abgeschlossen sein wird.

Die Bahn der Sonne ist chaotisch und lässt sich im Gewirr der hundert Milliarden anderen Sterne nicht langfristig berechnen. Auf ihrem Weg um das galaktische Zentrum wird die Sonne anderen Sternen begegnen. Irgendwann wird die minimale Distanz zu einem Nachbarn so klein, dass die Planetenbahnen merklich gestört werden. Nähern sich zwei Sterne auf etwa den Radius einer Planetenbahn, kann es vorkommen, dass der Planet sich vom Mutterstern löst und zum anderen übergeht oder sich im interstellaren Raum verliert. Der durchschnittliche Zeitraum, einem anderen Stern so nahe zu kommen, dass die Erde von der Sonne gelöst und in den Weltraum geschleudert werden könnte, ist 10^{15} Jahre. Nach hundert solchen Begegnungen werden mit großer Sicherheit alle Planeten eines Sterns wegkatapultiert sein. Nach 10^{17} Jahren wird die Erde dann einsam ihre Bahn in der Milchstraße ziehen, sofern sie nicht so viel zusätzlichen Impuls erhält, dass sie aus der Galaxis hinausgeschleudert wird. Weniger wahrscheinlich und weniger häufig sind Begegnungen, die sogar die Sonne aus ihrer Bahn lenken könnten. Bei sehr nahen Begegnungen könnte sie so viel Geschwindigkeit gewinnen, dass auch sie aus der Milchstraße hinausgeworfen würde. Viel wahrscheinlicher wird sie jedoch Energie verlieren und in Richtung des galaktischen Zentrums sinken. Die gemeinsame Wirkung vieler Nahbegegnungen verlangsamt die galaktische Rotation und bewirkt, dass sich die Scheibe der Milchstraße zusammenzieht. Es ist der gleiche Effekt wie beim Verdampfen einer Flüssigkeit: Die schnellsten Teilchen verlassen die Oberfläche, und die Flüssigkeit der zurückbleibenden Teilchen kühlt sich ab. Der Prozess wird auch in Kugelsternhaufen beobachtet und ist gut bekannt. Nach 10^{19} Jahren wird dieser Vorgang so weit fortgeschritten sein, dass die meisten Sterne und Planeten, so auch Sonne und Erde, entweder unwiderruflich im zentralen Schwarzen Loch der Milchstraße eingetaucht sind oder aber als »verdampfte« Einzelsterne durch den intergalaktischen Raum irren.

Langfristig ist die Materie der Atomkerne nicht stabil, denn nach den zwar noch unbestätigten Theorien der vereinheitlichten Wechselwirkungen von Elementarteilchen, welche auch der kosmischen Inflation zugrunde liegen, werden die Protonen mit einer Halbwertszeit von etwa 10^{33} Jahren zerfallen. Protonen sind wirbelnde Bälle aus zwei up-Quarks und einem down-Quark sowie Feldquanten, den Gluonen, die sie zusammenbinden. Infolge ihrer Quantennatur können sich die Bestandteile für kurze Zeit in andere Elementarteilchen verwandeln, die sich aber, falls ihre Energie die des Protons übersteigt, innerhalb der Zeitunschärfe wieder vereinen müssen. Das Gesetz der Energieerhaltung wirkt dabei wie ein strenger Rechnungsrevisor, der immer dafür sorgt, dass die Schlussabrechnung stimmt. Ist die Summe ihrer Massen kleiner, kann der Zerfall endgültig sein. Mit der überschüssigen Energie bewegen sich die neuen Teilchen voneinander. Beim Proton wandeln sich die Quarks nach den erwähnten Theorien etwa alle 1033 Jahre in ein π° Teilchen (neutrales Pion) und ein Positron (Antiteilchen des Elektrons) um. Die π° zerfallen im Bruchteil einer Sekunde in zwei hochenergetische Photonen oder je ein Photon, Elektron und Positron. Der ganze Zerfallsprozess ist im Prinzip reversibel, doch wird es mit zunehmender Zeit immer unwahrscheinlicher, dass sich die neu entstandenen Teilchen je wieder finden und sich wieder vereinen. Es ist der Trend zum Wahrscheinlicheren, der – wie Ludwig Boltzmann den Zweiten Hauptsatz der Thermodynamik gedeutet hat – den Gang der Zeit irreversibel macht. Aus dem spielerischen Brodeln des chaotischen Vakuums wird bedrohlicher Ernst. Ohne Protonen sind auch Neutronen und damit alle Atomkerne instabil. Mit dem Proton zerfallen alle Bausteine unseres Makrokosmos. Nach rund zweihundert Halbwertszeiten, in vielleicht 10^{35} Jahren, wird das letzte Nukleon zerfallen sein.

Die Materie des Universums wird dann als dünnes Gas aus Photonen und Leptonen – vor allem Elektronen, Positronen und Neutrinos – weiter bestehen, das ein Gerippe von supermassiven Schwarzen Löchern umweht. Auch Schwarze Löcher sind vielleicht nicht stabil und strahlen die gesamte in ihrer Masse enthaltene Energie ab, bis sie gänzlich verschwinden. Der Prozess, von Stephen Hawking 1974 vorgeschlagen, beruht auf einem quantenmechanischen Effekt, aufgrund dessen Teilchen – vor allem Photonen – unter dem Rand des Schwarzen Lochs »hindurch tummeln« können, da ihr Ort unscharf ist. Der Vorgang ist so langsam, dass es 10^{100} Jahre dauern wird, bis ein großes Schwarzes Loch mit der Masse einer Galaxie zerstrahlt.

Der Ausblick in die ferne Zukunft des Universums unter der Annahme der heute bekannten Naturgesetze ist gewiss spekulativ. Wir kennen das Universum und die physikalischen Erhaltungssätze noch nicht genug, um die Zukunft über mehr als einige zehn Milliarden Jahre auch nur grob vorauszusagen. Zuverlässiges wissen wir nur über die Zukunft unserer Sonne. Ihre Entwicklung scheint aber symptomatisch zu sein für das ganze Universum. Das Sonnensystem wird sich infolge des endlichen Energievorrats der Sonne drastisch ändern, und die

Erde wird nicht mehr im heutigen Sinn bewohnbar sein – zunächst zu heiß, später zu kalt – für jede uns bekannte Form von Leben. Zweifellos geht die Entwicklung des Universums weiter. Wird sich das Leben und insbesondere seine Ausprägung in der Art der Menschen an diese zukünftigen Entwicklungen anpassen können? Vielleicht ist die Menschheit auch eines der vielen Kapitel in der Entwicklung des Universums, die ein Ende haben.

Alexander von Humboldt

Die Lebenskraft oder der rhodische Genius

Eine Erzählung

Die Syrakuser hatten ihre Poikile (griech., mit Wandgemälden verzierte Säulenhalle) wie die Athener. Vorstellungen von Göttern und Heroen, griechische und italische Kunstwerke bekleideten die bunten Hallen des Portikus. Unablässig sah man das Volk dahin strömen: den jungen Krieger, um sich an den Taten der Ahnherren, den Künstler, um sich an dem Pinsel großer Meister zu weiden. Unter den zahllosen Gemälden, welche der emsige Fleiß der Syrakuser aus dem Mutterlande gesammelt hatte, war nur eines, das seit einem vollen Jahrhunderte die Aufmerksamkeit aller Vorübergehenden auf sich zog. Wenn es dem olympischen Jupiter, dem Städtegründer Kekrops, dem Heldenmut des Harmodius und Aristogiton an Bewunderern fehlte, so stand um jenes Bild das Volk in dichten Rotten gedrängt. Woher diese Vorliebe für dasselbe? War es ein gerettetes Werk des Apelles, oder stammte es aus der Malerschule des Callimachus her? Nein, Anmut und Grazie strahlten zwar aus dem Bilde hervor, aber an Verschmelzung der Farben, an Charakter und Stil des Ganzen durfte es sich mit vielen andern in der Poikile nicht messen.

Das Volk staunt an und bewundert, was es nicht versteht, und diese Art des Volks begreift viele Klassen unter sich. Seit einem Jahrhundert war das Bild aufgestellt und unerachtet Syrakus in seinen engen Mauern mehr Kunstgenie umfaßte als das ganze übrige meerumflossene Sizilien, so blieb der Sinn desselben doch immer unenträtselt. Man wußte nicht einmal bestimmt, in welchem Tempel dasselbe ehemals gestanden habe. Denn es ward von einem gestrandeten Schiffe gerettet; und nur die Waren, welche dieses führte, ließen ahnden, daß es von Rhodus kam.

An dem Vorgrunde des Gemäldes sah man Jünglinge und Mädchen in eine dichte Gruppe zusammengedrängt. Sie waren ohne Gewand, wohlgebildet, aber nicht von dem schlanken Wuchse, den man in den Statuen des Praxiteles und Alkamenes bewundert. Der stärkere Gliederbau, welcher Spuren mühevoller Anstrengungen trug, der menschliche Ausdruck ihrer Sehnsucht und ihres Kummers, alles schien sie des Himmlischen oder Götterähnlichen zu entkleiden und an ihre irdische Heimat zu fesseln. Ihr Haar war mit Laub und Feldblumen einfach geschmückt. Verlangend streckten sie die Arme gegeneinander aus; aber ihr ernstes, trübes Auge war nach einem Genius gerichtet, der, von lichtem Schimmer umgeben, in ihrer Mitte schwebte. Ein Schmetterling saß auf seiner Schulter, und in der Rechten hielt er eine lodernde Fackel empor. Sein Gliederbau war kindlich rund, sein Blick himmlisch lebhaft. Gebieterisch sah er auf die Jünglinge und Mädchen zu seinen Füßen herab. Mehr Charakteristisches war an dem Gemälde nicht zu unterscheiden. Nur am Fuße glaubten einige noch die Buchstaben ζ [zeta, z] und ς [sigma, s] zu bemerken, woraus man (denn die Antiquarier waren damals nicht minder kühn als jetzt) den Namen eines Künstlers Zenodorus, also gleichnamig mit dem späteren Koloßgießer, sehr unglücklich zusammensetzte.

Dem *rhodischen Genius,* so nannte man das rätselhafte Bild, fehlte es indes nicht an Auslegern in Syrakus. Kunstkenner, besonders die jüngsten, wenn sie von einer flüchtigen Reise nach Korinth oder Athen zurückkamen, hätten geglaubt, alle Ansprüche auf Talent verleugnen zu müssen, wenn sie nicht sogleich mit einer neuen Erklärung hervorgetreten wären. Einige hielten den Genius für den Ausdruck geistiger Liebe, die den Genuß sinnlicher Freuden verbietet; andere glaubten, er solle die Herrschaft der Vernunft über die Begierden andeuten. Die Weiseren schwiegen, ahnten etwas Erhabeneres und ergötzten sich in der Poikile an der einfachen Komposition der Gruppe.

So blieb die Sache immer unentschieden. Das Bild ward mit mannigfachen Zusätzen kopiert und nach Griechenland gesandt, ohne daß man auch nur über seinen Ursprung je einige Aufklärung erhielt. Als einst mit dem Frühaufgang der Plejaden die Schiffahrt ins Ägäische Meer wieder eröffnet ward, kamen Schiffe aus Rhodus in den Hafen von Syrakus. Sie enthielten einen Schatz von Statuen, Altären, Kandelabern und Gemälden, welche die Kunstliebe der Dionyse in Griechenland hatte sammeln lassen. Unter den Gemälden war eines, das man augenblicklich für ein Gegenstück zum rhodischen Genius erkannte. Es war von gleicher Größe und zeigte ein ähnliches Kolorit, nur waren die Farben besser erhalten. Der Genius stand ebenfalls in der Mitte, aber ohne Schmetterling, mit gesenktem Haupte, die erloschene Fackel zur Erde gekehrt. Der Kreis der Jünglinge und Mädchen stürzte in mannigfachen Umarmungen gleichsam über ihm zusammen; ihr Blick war nicht mehr trübe und gehorchend, sondern kündigte den Zustand wilder Entfesselung, die Befriedigung lang genährter Sehnsucht an.

Schon suchten die syrakusischen Altertumsforscher ihre vorigen Erklärungen vom rhodischen Genius umzumodeln, damit sie auch auf dieses Kunstwerk paßten, als der Tyrann Befehl gab, es in das Haus des Epicharmus zu tragen. Dieser – Philosoph aus der Schule des Pythagoras – wohnte in dem entlegenen Teile von Syrakus, den man Tyche nannte. Er besuchte selten den Hof der Dionyse: nicht, als hätten nicht ausgezeichnete Männer aus allen griechischen Pflanzstädten sich um ihn versammelt, sondern weil solche Fürstennähe auch den geistreichsten Männern von ihrem Geiste und ihrer Freiheit raubt. Er beschäftigte sich unablässig mit der Natur der Dinge und ihren Kräften, mit der Entstehung von Pflanzen und Tieren, mit den harmonischen Gesetzen, nach denen Weltkörper im Großen und Schneeflocken und Hagelkörner im Kleinen sich kugelförmig ballen. Da er überaus bejahrt war, so ließ er sich täglich in die Poikile und von da nach Nasos an den Hafen führen, wo ihm im weiten Meere, wie er sagte, sein Auge ein Bild des Unbegrenzten, Unendlichen gab, nach dem der Geist vergebens strebt. Er ward von dem niederen Volke und doch auch von dem Tyrannen geehrt. Diesem wich er aus, wie er jenem freudig und oft hülfreich entgegenkam.

Epicharmus lag jetzt entkräftet auf seinem Ruhebette, als der Befehl des Dionysius ihm das neue Kunstwerk sandte. Man hatte Sorge getragen, ihm eine treue Kopie des rhodischen Genius mitzuüberbringen, und der Philosoph ließ beide nebeneinander vor sich stellen. Sein Blick war lange auf sie geheftet, dann rief er seine Schüler zusammen und hub mit gerührter Stimme an:

»Reißt den Vorhang von dem Fenster hinweg, daß ich mich noch einmal weide an dem Anblick der reichbelebten lebendigen Erde! Sechzig Jahre lang habe ich über die inneren Triebräder der Natur, über den Unterschied der Stoffe gesonnen, und erst heute läßt der rhodische Genius mich klarer sehen, was ich sonst nur ahnte. Wenn der Unterschied der Geschlechter lebendige Wesen wohltätig und fruchtbar aneinanderkettet, so wird in der anorganischen Natur der rohe Stoff von gleichen Trieben bewegt. Schon im dunklen Chaos häufte sich die Materie und mied sich, je nachdem Freundschaft oder Feindschaft sie anzog oder abstieß. Das himmlische Feuer folgt den Metallen, der Magnet dem Eisen; das geriebene Electrum bewegt leichte Stoffe; Erde mischt sich zur Erde; das Kochsalz gerinnt aus dem Meere zusammen, und die saure Feuchte der Stypteria (στυπτηρία ὑγρά; Vitriol) wie das wollige Haarsalz Trichitis lieben den Ton von Melos. Alles eilt in der unbelebten Natur, sich zu dem Seinen zu gesellen. Kein irdischer Stoff (Wer wagt es, das Licht diesen beizuzählen?) ist daher irgendwo in Einfachheit und reinem, jungfräulichem Zustande zu finden. Alles strebt von seinem Entstehen an zu neuen Verbindungen; und nur die scheidende Kunst des Menschen kann ungepaart darstellen, was ihr vergebens im Inneren der Erde und in dem beweglichen Wasser- oder Luftozeane sucht. In der toten anorganischen Materie ist träge Ruhe, solange die Bande der Verwandtschaft nicht gelöst werden, solange ein dritter Stoff nicht eindringt, um sich den vorigen beizugesellen. Aber auch auf diese Störung folgt dann wieder unfruchtbare Ruhe.

Anders ist die Mischung derselben Stoffe im Tier- und Pflanzenkörper. Hier tritt die Lebenskraft gebieterisch in ihre Rechte ein; sie kümmert sich nicht um die demokritische Freundschaft und Feindschaft der Atome; sie vereinigt Stoffe, die in der unbelebten Natur sich ewig fliehen, und trennt, was in dieser sich unaufhaltsam sucht.

Tretet näher um mich her, meine Schüler, und erkennet im rhodischen Genius, in dem Ausdruck seiner jugendlichen Stärke, im Schmetterling auf seiner Schulter, im Herrscherblick seines Auges das Symbol der *Lebenskraft,* wie sie jeden Keim der organischen Schöpfung beseelt. Die irdischen Elemente zu seinen Füßen streben gleichsam, ihrer eigenen Begierde zu folgen und sich miteinander zu mischen. Befehlend droht ihnen der Genius mit aufgehobener, hochlodernder Fackel und zwingt sie, ihrer alten Rechte uneingedenk, seinem Gesetze zu folgen.

Betrachtet nun das neue Kunstwerk, welches der Tyrann mir zur Auslegung gesandt; richtet eure Augen vom Bilde des Lebens ab auf das Bild des Todes. Aufwärts entschwebt ist der Schmetterling, ausgelodert die umgekehrte Fackel, gesenkt das Haupt des Jünglings. Der Geist ist in andere Sphären entwichen, die Lebenskraft erstorben. Nun reichen sich Jünglinge und Mädchen fröhlich die Hände. Nun treten die irdischen Stoffe in ihre Rechte ein. Der Fesseln entbunden, folgen sie wild nach langer Entbehrung ihren geselligen Trieben; der Tag des Todes wird ihnen ein bräutlicher Tag. – So ging die tote Materie, von Lebenskraft beseelt, durch eine zahllose Reihe von Geschlechtern, und derselbe Stoff umhüllte vielleicht den göttlichen Geist des Pythagoras, in welchem vormals ein dürftiger Wurm in augenblicklichem Genusse sich seines Daseins erfreute.

Geh, Polykles, und sage dem Tyrannen, was du gehört hast! Und ihr, meine Lieben, Euryphamos, Lysis und Skopas, tretet näher und näher zu mir! Ich fühle, daß die schwache Lebenskraft auch in mir den irdischen Stoff nicht lange mehr beherrschen wird. Er fordert seine Freiheit wieder. Führt mich noch einmal in die Poikile, und von da ans offene Gestade. Bald werdet ihr meine Asche sammeln!«

Johann Gottfried Herder

Der jetzige Zustand der Menschen ist wahrscheinlich das verbindende Mittelglied zweier Welten

Alles ist in der Natur verbunden; ein Zustand strebt zum andern und bereitet ihn vor. Wenn also der Mensch die Kette der Erdorganisation als ihr höchstes und letztes Glied schloß, so fängt er auch eben dadurch die Kette einer höhern Gattung von Geschöpfen als ihr niedrigstes Glied an; und so ist er wahrscheinlich der Mittelring zwischen zwei ineinandergreifenden Systemen der Schöpfung. Auf der Erde kann er in keine Organisation mehr übergehen, oder er müßte rückwärts und im Kreise umhertaumeln; stillstehen kann er nicht, da keine lebendige Kraft im Reich der wirksamsten Güte ruhet; also muß ihm eine Stufe bevorstehn, die so dicht an ihm und doch über ihm so erhaben ist, als er, mit dem edelsten Vorzuge geschmückt, ans Tier grenzet. Diese Aussicht, die auf allen Gesetzen der Natur ruhet, gibt uns allein den Schlüssel seiner wunderbaren Erscheinung, mithin die einzige *Philosophie der Menschengeschichte*. Denn nun wird

1. der sonderbare *Widerspruch* klar, in dem sich der Mensch zeiget. Als Tier dienet er der Erde und hangt an ihr als seiner Wohnstätte; als Mensch hat er den Samen der Unsterblichkeit in sich, der einen andern Pflanzgarten fordert. Als Tier kann er seine Bedürfnisse befriedigen, und Menschen, die mit ihnen zufrieden sind, befinden sich sehr wohl hienieden. Sobald er irgendeine edlere Anlage verfolgt, findet er überall Unvollkommenheiten und Stückwerk; das Edelste ist auf der Erde nie ausgeführt worden, das Reinste hat selten Bestand und Dauer gewonnen; für die Kräfte unsres Geistes und Herzens ist dieser Schauplatz immer nur eine Übungs- und Prüfungsstätte. Die Geschichte unsres Geschlechts mit ihren Versuchen, Schicksalen, Unternehmungen und Revolutionen beweiset dies sattsam. Hie und da kam ein Weiser, ein Guter und streuete Gedanken, Ratschläge und Taten in die Flut der Zeiten; einige Wellen kreiseten umher, aber der Strom riß sie hin und nahm ihre Spur weg; das Kleinod ihrer edlen Absichten sank zu Grunde. Narren herrschten über die Ratschläge der Weisen und Verschwender erbten die Schätze des Geistes ihrer sammelnden Eltern. Sowenig das Leben des Menschen hienieden auf eine Ewigkeit berechnet ist, sowenig ist die runde, sich immer bewegende Erde eine Werkstätte bleibender Kunstwerke, ein Garten ewi-

ger Pflanzen, ein Luftschloß ewiger Wohnung. Wir kommen und gehen, jeder Augenblick bringt Tausende her und nimmt Tausende hinweg von der Erde; sie ist eine Herberge für Wandrer, ein Irrstern, auf dem Zugvögel ankommen und Zugvögel wegeilen. Das Tier lebt sich aus, und wenn es auch höhern Zwecken zufolge sich den Jahren nach nicht auslebet, so ist doch sein innerer Zweck erreicht, seine Geschicklichkeiten sind da, und es ist, was es sein soll. Der Mensch allein ist im Widerspruch mit sich und mit der Erde; denn das ausgebildetste Geschöpf unter allen ihren Organisationen ist zugleich das unausgebildetste in seiner eignen neuen Anlage, auch wenn er lebenssatt aus der Welt wandert. Die Ursache ist offenbar die, daß sein Zustand, der letzte für diese Erde, zugleich der erste für ein andres Dasein ist, gegen den er wie ein Kind in den ersten Übungen hier erscheinet. Er stellet also zwo Welten auf einmal dar, und das macht die anscheinende Duplizität seines Wesens.

2. Sofort wird klar, welcher Teil bei den meisten hienieden der herrschende sein werde. Der größte Teil des Menschen ist Tier; zur Humanität hat er bloß die Fähigkeit auf die Welt gebracht, und sie muß ihm durch Mühe und Fleiß erst angebildet werden. Wie wenigen ist es nun auf die rechte Weise angebildet worden! Und auch bei den besten, wie fein und zart ist die in ihnen aufgepflanzte göttliche Blume! Lebenslang will das Tier über den Menschen herrschen, und die meisten lassen es nach Gefallen über sich regieren. Es ziehet also unaufhörlich nieder, wenn der Geist hinauf, wenn das Herz in einen freien Kreis will; und da für ein sinnliches Geschöpf die Gegenwart immer lebhafter ist als die Entfernung und das Sichtbare mächtiger auf dasselbe wirkt als das Unsichtbare, so ist leicht zu erachten, wohin die Waage der beiden Gewichte überschlagen werde. Wie wenig reiner Freuden, wie wenig reiner Erkenntnis und Tugend ist der Mensch fähig! Und wenn er ihrer fähig wäre, wie wenig ist er an sie gewöhnt! Die edelsten Verbindungen

hienieden werden von niedrigen Trieben, wie die Schiffahrt des Lebens von widrigen Winden gestört, und der Schöpfer, barmherzigstrenge, hat beide Verwirrungen ineinander geordnet, um eine durch die andre zu zähmen und die Sprosse der Unsterblichkeit mehr durch rauhe Winde als durch schmeichelnde Weste in uns zu erziehen. Ein vielversuchter Mensch hat viel gelernet; ein träger und müßiger weiß nicht, was in ihm liegt, noch weniger weiß er mit selbstgefühlter Freude, was er kann und vermag. Das Leben ist also ein Kampf, und die Blume der reinen, unsterblichen Humanität eine schwer errungene Krone. Den Läufern steht das Ziel am Ende; den Kämpfern um die Tugend wird der Kranz im Tode.

3. Wenn höhere Geschöpfe also auf uns blicken, so mögen sie uns, wie wir die *Mittelgattungen,* betrachten, mit denen die Natur aus einem Element ins andre übergehet. Der Strauß schwingt matt seine Flügel nur zum Lauf, nicht zum Fluge; sein schwerer Körper zieht ihn zum Boden. Indessen auch für ihn und für jedes Mittelgeschöpf hat die organisierende Mutter gesorget; auch sie sind in sich vollkommen und scheinen nur unserm Auge unförmlich. So ists auch mit der Menschennatur hienieden: ihr Unförmliches fällt einem Erdengeist schwer auf; ein höherer Geist aber, der in das Inwendige blickt und schon mehrere Glieder der Kette siehet, die füreinander gemacht sind, kann uns zwar bemitleiden, aber nicht verachten. Er siehet, warum Menschen in so vielerlei Zuständen aus der Welt gehen müssen, jung und alt, töricht und weise, als Greise, die zum zweiten Mal Kinder wurden, oder gar als Ungeborne. Wahnsinn und Mißgestalten, alle Stufen der Kultur, alle Verirrungen der Menschheit umfaßte die allmächtige Güte, und hat Balsam genug in ihren Schätzen, auch die Wunden, die nur der Tod lindern konnte, zu heilen. Da wahrscheinlich der künftige Zustand so aus dem jetzigen hervorsproßt, wie der unsre aus dem Zustande niedrigerer Organisationen: So ist ohne Zweifel auch das Geschäft desselben näher mit unserm jetzigen Dasein ver-

knüpft, als wir denken. Der höhere Garten blühet nur durch die Pflanzen, die hier keimten und unter einer rauhen Hülle die ersten Sprößchen trieben. Ist nun, wie wir gesehen haben, Geselligkeit, Freundschaft, wirksame Teilnehmung beinahe der Hauptzweck, worauf die Humanität in ihrer ganzen Geschichte der Menschheit angelegt ist, so muß diese schönste Blüte des menschlichen Lebens notwendig dort zu der erquickenden Gestalt, zu der umschattenden Höhe gelangen, nach der in allen Verbindungen der Erde unser Herz vergebens dürstet. Unsre Brüder der höhern Stufe lieben uns daher gewiß mehr und reiner, als wir sie suchen und lieben können; denn sie übersehen unsern Zustand klarer; der Augenblick der Zeit ist ihnen vorüber, alle Disharmonien sind aufgelöset, und sie erziehen an uns vielleicht unsichtbar ihres Glückes Teilnehmer, ihres Geschäfts Brüder. Nur einen Schritt weiter, und der gedrückte Geist kann freier atmen, das verwundete Herz ist genesen; sie sehen den Schritt herannahn und helfen dem Gleitenden mächtig hinüber.

4. Ich kann mir also auch nicht vorstellen, daß, da wir eine Mittelgattung von zwo Klassen und gewissermaßen die Teilnehmer beider sind, der künftige Zustand von dem jetzigen so fern und ihm so ganz unmittelbar sein sollte, als das Tier im Menschen gern glauben möchte; vielmehr werden mir in der Geschichte unsres Geschlechts manche Schritte und Erfolge ohne höhere Einwirkung unbegreiflich. Daß z. B. der Mensch sich selbst auf den Weg der Kultur gebracht und ohne höhere Anleitung sich Sprache und die erste Wissenschaft erfunden, scheinet mir unerklärlich und immer unerklärlicher, je einen längern rohen Tierzustand man bei ihm voraussetzt. Eine göttliche Haushaltung hat gewiß über dem menschlichen Geschlecht von seiner Entstehung an gewaltet und hat es auf die ihm leichteste Weise zu seiner Bahn geführet. Je mehr aber die menschlichen Kräfte selbst in Übung waren, desto weniger bedurften sie teils dieser höhern Beihilfe, aber desto minder wurden sie ihrer fähig, obwohl auch in spätern Zeiten die grö-

ßesten Wirkungen auf der Erde durch unerklärliche Umstände entstanden sind oder mit ihnen begleitet gewesen. Selbst Krankheiten waren dazu oft Werkzeuge; denn wenn das Organ aus seiner Proportion mit andern gesetzt und also für den gewöhnlichen Kreis des Erdelebens unbrauchbar worden ist, so scheints natürlich, daß die innere rastlose Kraft sich nach andern Seiten des Weltalls kehre und vielleicht Eindrücke empfange, deren eine ungestörte Organisation nicht fähig war, deren sie aber auch nicht bedurfte. Wie dem aber auch sei, so ists gewiß ein wohltätiger Schleier, der diese und jene Welt absondert, und nicht ohne Ursache ists so still und stumm um das Grab eines Toten. Der gewöhnliche Mensch auf dem Gange seines Lebens wird von Eindrücken entfernt, deren ein einziger den ganzen Kreis seiner Ideen zerrütten und ihn für diese Welt unbrauchbar machen würde. Kein nachahmender Affe höherer Wesen sollte der zur Freiheit erschaffene Mensch sein, sondern auch, wo er geleitet wird, im glücklichen Wahn stehen, daß er selbst handle. Zu seiner Beruhigung und zu dem edlen Stolz, auf dem seine Bestimmung liegt, ward ihm der Anblick edlerer Wesen entzogen; denn wahrscheinlich würden wir uns selbst verachten, wenn wir diese kennten. Der Mensch also soll in seinen künftigen Zustand nicht hineinschauen, sondern sich hineinglauben.

5. So viel ist gewiß, daß in jeder seiner Kräfte eine Unendlichkeit liegt, die hier nur nicht entwickelt werden kann, weil sie von andern Kräften, von Sinnen und Trieben des Tiers unterdrückt wird und zum Verhältnis des Erdelebens gleichsam in Banden lieget. Einzelne Beispiele des Gedächtnisses, der Einbildungskraft, ja gar der Vorhersagung und Ahnung haben Wunderdinge entdeckt von dem verborgenen Schatz, der in menschlichen Seelen ruhet; ja sogar die Sinne sind davon nicht ausgeschlossen. Daß meistens Krankheiten und gegenseitige Mängel diese Schätze zeigten, ändert in der Natur der Sache nichts, da eben diese Disproportion erfordert wurde, dem Ei-

nen Gewicht seine Freiheit zu geben und die Macht desselben zu zeigen. Der Ausdruck *Leibniz'*, daß die Seele ein Spiegel des Weltalls sei, enthält vielleicht eine tiefere Wahrheit, als die man aus ihm zu entwickeln pfleget; denn auch die Kräfte eines Weltalls scheinen in ihr verborgen, und sie bedarf nur einer Organisation oder einer Reihe von Organisationen, diese in Tätigkeit und Übung setzen zu dürfen. Der Allgütige wird ihr diese Organisationen nicht versagen, und er gängelt sie als ein Kind, sie zur Fülle des wachsenden Genusses im Wahn eigen erworbener Kräfte und Sinne allmählich zu bereiten. Schon in ihren gegenwärtigen Fesseln sind ihr *Raum* und *Zeit* leere Worte; sie messen und bezeichnen Verhältnisse des Körpers, nicht aber ihres innern Vermögens, das über Raum und Zeit hinaus ist, wenn es in seiner vollen innigen Freude wirket. Um Ort und Stunde deines künftigen Daseins gib dir also keine Mühe; die Sonne, die deinem Tage leuchtet, misset dir deine Wohnung und dein Erdengeschäft und verdunkelt dir solange alle himmlischen Sterne. Sobald sie untergeht, erscheint die Welt in ihrer größern Gestalt; die heilige Nacht, in der du einst eingewickelt lagest und einst eingewickelt liegen wirst, bedeckt deine Erde mit Schatten und schlägt dir dafür am Himmel die glänzenden Bücher der Unsterblichkeit auf. Da sind Wohnungen, Welten und Räume –

> In voller Jugend glänzen sie,
> Da schon Jahrtausende vergangen;
> Der Zeiten Wechsel raubet nie
> Das Licht von ihren Wangen.
>
> Hier aber unter unserm Blick
> Verfällt, vergeht, verschwindet alles:
> Der Erde Pracht, der Erde Glück
> Droht eine Zeit des Falles.

Sie selbst wird nicht mehr sein, wenn du noch sein wirst und in andern Wohnplätzen und Organisationen *Gott* und seine Schöpfung genießest. Du hast auf ihr viel Gutes genossen. Du gelangtest auf ihr zu der Organisation, in der du als ein Sohn des Himmels um dich her und über dich schauen lerntest. Suche sie also vergnügt zu verlassen und segne ihr als der Aue nach, wo du als ein Kind der Unsterblichkeit spieltest, und als der Schule nach, wo du durch Leid und Freude zum Mannesalter erzogen wurdest. Du hast weiter kein Anrecht an sie, sie hat kein Anrecht an dich, mit dem Hut der Freiheit gekrönt und mit dem Gurt des Himmels gegürtet, setze fröhlich deinen Wanderstab weiter.

Wie also die Blume dastand und in aufgerichteter Gestalt das Reich der unterirdischen, noch unbelebten Schöpfung schloß, um sich im Gebiet der Sonne des ersten Lebens zu freuen, so stehet über allen zur Erde Gebückten der Mensch wieder aufrecht da. Mit erhabnem Blick und aufgehobnen Händen stehet er da als ein Sohn des Hauses, den Ruf seines Vaters erwartend.

Heinrich Heine

Beine hat uns zwei gegeben

Beine hat uns zwei gegeben
Gott der Herr, um fortzustreben,
Wollte nicht daß an der Scholle
Unsre Menschheit kleben solle.
Um ein Stillstandsknecht zu sein
Gnügte uns ein einzges Bein.

Augen gab uns Gott ein Paar,
Daß wir schauen rein und klar;
Um zu glauben was wir lesen,
Wär *ein* Auge gnug gewesen.
Gott gab uns die Augen beide,
Daß wir schauen und begaffen
Wie er hübsch die Welt erschaffen
Zu des Menschen Augenweide.
Doch beim Gaffen in den Gassen
Sollen wir die Augen brauchen
Und uns dort nicht treten lassen
Auf die armen Hühneraugen,
Die uns ganz besonders plagen,
Wenn wir enge Stiefel tragen.

Gott versah uns mit zwei Händen,
Daß wir doppelt Gutes spenden,
Nicht um doppelt zuzugreifen
Und die Beute aufzuhäufen
In den großen Eisentruhn,
Wie gewisse Leute tun –
Ihren Namen auszusprechen
Dürfen wir uns nicht erfrechen, –
Hängen würden wir sie gern
Doch sie sind so große Herrn.
Philanthropen, Ehrenmänner,
Manche sind auch unsre Gönner,
Und man macht aus deutschen Eichen
Keine Galgen für die Reichen.

Gott gab uns nur eine Nase,
Weil wir zwei in einem Glase
Nicht hineinzubringen wüßten,
Und den Wein verschlappern müßten.

Gott gab uns nur *einen* Mund,
Weil zwei Mäuler ungesund.
Mit dem einen Maule schon
Schwätzt zu viel der Erdensohn.
Wenn er doppeltmäulig wär
Fräß und lög er auch noch mehr.
Hat er jetzt das Maul voll Brei
Muß er schweigen unterdessen,
Hätt er aber Mäuler zwei
Löge er sogar beim Fressen.

Mit zwei Ohren hat versehn
Uns der Herr. Vorzüglich schön
Ist dabei die Symmetrie.
Sind nicht ganz so lang wie die,
So er unsern grauen, braven
Kameraden anerschaffen.
Ohren gab uns Gott die beiden
Um von Mozart, Gluck und Haydn,
Meisterstücke anzuhören –
Gäb es nur Tonkunst-Kolik
Und Hämorrhoidal-Musik
Von dem großen Meyerbeer,
Schon *ein* Ohr hinlänglich wär.

Als zur blonden Teutolinde
Ich in solcher Weise sprach,
Seufzte sie und sagte: ach!
Grübeln über Gottes Gründe,
Kritisieren unsern Schöpfer,
Ach! das ist als ob der Topf
Klüger sein wollt als der Töpfer!
Doch der Mensch fragt stets: warum?
Wenn er sieht daß etwas dumm.

Freund, ich hab dir zugehört,
Und du hast mir gut erklärt,
Wie zum weisesten Behuf
Gott dem Menschen zwiefach schuf
Augen, Ohren, Arm' und Bein'
Während er ihm gab nur ein
Exemplar von Nas und Mund –
Doch nun sage mir den Grund:
Gott der Schöpfer der Natur,
Warum schuf er einfach nur
Das skabröse Requisit
Das der Mann gebraucht damit
Er fortpflanze seine Rasse
Und zugleich sein Wasser lasse?
Teurer Freund, ein Duplikat
Wäre wahrlich hier vonnöten,
Um Funktionen zu vertreten
Die so wichtig für den Staat
Wie fürs Individuum,
Kurz fürs ganze Publikum –
Zwei Funktionen die so greulich
Und so schimpflich und abscheulich
Mit einander kontrastieren,
Und die Menschheit sehr blamieren.
Eine Jungfrau von Gemüt
Muß sich schämen wenn sie sieht
Wie ihr höchstes Ideal
Wird entweiht so trivial!
Wie der Hochaltar der Minne
Wird zur ganz gemeinen Rinne!
Psyche schaudert, denn der kleine
Gott Amur der Finsternis
Er verwandelt sich beim Scheine
Ihrer Lamp – in Mankepiß.

Also Teutolinde sprach
Und ich sagte ihr: Gemach!
Unklug wie die Weiber sind,
Du verstehst nicht liebes Kind
Gottes Nützlichkeitssystem.
Sein Ökonomie-Problem
Ist daß wechselnd die Maschinen
Jeglichem Bedürfnis dienen,
Den profanen wie dem heilgen,
Den pikanten wie langweilgen, –
Alles wird simplifiziert,
Klug ist alles kombiniert:
Was dem Menschen dient zum Seichen
Damit schafft er Seinesgleichen
Auf demselben Dudelsack
Spielt dasselbe Lumpenpack.
Feine Pfote, derbe Patsche
Fiddelt auf derselben Bratsche.
Durch dieselben Dämpfe, Räder
Springt und singt und gähnt ein jeder
Und derselbe Omnibus
Fährt uns nach dem Tartarus.

Arthur Schopenhauer

Was man gemeinhin Glück nennt

Alle Befriedigung, oder was man gemeinhin Glück nennt, ist
eigentlich und wesentlich immer nur *negativ* und durchaus nie
positiv. Es ist nicht eine ursprünglich und von selbst auf uns
kommende Beglückung, sondern muß immer die Befriedigung

eines Wunsches seyn. Denn Wunsch, d. h. Mangel, ist die vorhergehende Bedingung jedes Genusses. Mit der Befriedigung hört aber der Wunsch und folglich der Genuß auf. Daher kann die Befriedigung oder Beglückung nie mehr seyn, als die Befreiung von einem Schmerz, von einer Noth: denn dahin gehört nicht nur jedes wirkliche, offenbare Leiden, sondern auch jeder Wunsch, dessen Importunität unsere Ruhe stört, ja sogar auch die ertödtende Langeweile, die uns das Daseyn zur Last macht. – Nun aber ist es so schwer, irgend etwas zu erreichen und durchzusetzen: jedem Vorhaben stehen Schwierigkeiten und Bemühungen ohne Ende entgegen, und bei jedem Schritt häufen sich die Hindernisse. Wann aber endlich Alles überwunden und erlangt ist, so kann doch nie etwas Anderes gewonnen seyn, als daß man von irgend einem Leiden, oder einem Wunsche, befreit ist, folglich nur sich so befindet, wie vor dessen Eintritt. – Unmittelbar gegeben ist uns immer nur der Mangel, d. h. der Schmerz. Die Befriedigung aber und den Genuß können wir nur mittelbar erkennen, durch Erinnerung an das vorhergegangene Leiden und Entbehren, welches bei seinem Eintritt aufhörte. Daher kommt es, daß wir der Güter und Vortheile, die wir wirklich besitzen, gar nicht recht inne werden, noch sie schätzen, sondern nicht anders meynen, als eben es müsse so seyn: denn sie beglücken immer nur negativ, Leiden abhaltend. Erst nachdem wir sie verloren haben, wird uns ihr Werth fühlbar: denn der Mangel, das Entbehren, das Leiden ist das Positive, sich unmittelbar Ankündigende. Daher auch freut uns die Erinnerung überstandener Noth, Krankheit, Mangel u. dgl., weil solche das einzige Mittel die gegenwärtigen Güter zu genießen ist. Auch ist nicht zu leugnen, daß in dieser Hinsicht und auf diesem Standpunkt des Egoismus, der die Form des Lebenwollens ist, der Anblick oder die Schilderung fremder Leiden uns auf eben jenem Weg Befriedigung und Genuß giebt, wie es Lukretius schön und offenherzig ausspricht, im Anfang des zweiten Buches:

Suave, mari magno, turbantibus aequora ventis,
E terra magnum alterius spectare laborem:
Non, quia vexari quemquam est iucunda voluptas;
Sed, quibus ipse malis careas, quia cernere suave est.

Freude macht es am Meer, wenn stürmische Winde es peit-
schen. / An dem Ufer zu stehn und zu sehn, wie der Schiffer in
Not ist. / Nicht als machte es Lust zu sehn, wie der andre ge-
quält wird, / Sondern weil es dich freut, vom Übel befreit dich
zu wissen. (Lukrez, De rerum natura, II, 1)

Jedoch wird sich uns weiterhin zeigen, daß diese Art der Freude, durch so vermittelte Erkenntniß seines Wohlseyns, der Quelle der eigentlichen positiven Bosheit sehr nahe liegt.

Daß alles Glück nur negativer, nicht positiver Natur ist, daß
es eben deshalb nicht dauernde Befriedigung und Beglückung
seyn kann, sondern immer nur von einem Schmerz oder Mangel erlöst, auf welchen entweder ein neuer Schmerz, oder auch
languor, leeres Sehnen und Langeweile folgen muß; dies findet
einen Beleg auch in jenem treuen Spiegel des Wesens der Welt
und des Lebens, in der Kunst, besonders in der Poesie. Jede
epische oder dramatische Dichtung nämlich kann immer nur
ein Ringen, Streben und Kämpfen um Glück, nie aber das blei-
bende und vollendete Glück selbst darstellen. Sie führt ihren
Helden durch tausend Schwierigkeiten und Gefahren bis zum
Ziel: sobald es erreicht ist, läßt sie schnell den Vorhang fallen.
Denn es bliebe ihr jetzt nichts übrig, als zu zeigen, daß das
glänzende Ziel, in welchem der Held das Glück zu finden
wähnte, auch ihn nur geneckt hatte, und er nach dessen Errei-
chung nicht besser daran war, als zuvor. Weil ein ächtes, blei-
bendes Glück nicht möglich ist, kann es kein Gegenstand der
Kunst seyn. Zwar ist der Zweck des Idylls wohl eigentlich die
Schilderung eines solchen: allein man sieht auch, daß das Idyll
als solches sich nicht halten kann. Immer wird es dem Dichter

unter den Händen entweder episch, und ist dann nur ein sehr unbedeutendes Epos, aus kleinen Leiden, kleinen Freuden und kleinen Bestrebungen zusammengesetzt: dies ist der häufigste Fall; oder aber es wird zur bloß beschreibenden Poesie, schildert die Schönheit der Natur, d. h. eigentlich das reine willensfreie Erkennen, welches freilich auch in der That das einzige reine Glück ist, dem weder Leiden noch Bedürfniß vorhergeht, noch auch Reue, Leiden, Leere, Ueberdruß nothwendig folgt: nur kann dieses Glück nicht das ganze Leben füllen, sondern bloß Augenblicke desselben. – Was wir in der Poesie sehen, finden wir in der Musik wieder, in deren Melodie wir ja die allgemein ausgedrückte innerste Geschichte des sich selbst bewußten Willens, das geheimste Leben, Sehnen, Leiden und Freuen, das Ebben und Fluthen des menschlichen Herzens wiedererkannt haben. Die Melodie ist immer ein Abweichen vom Grundton, durch tausend wunderliche Irrgänge, bis zur schmerzlichsten Dissonanz, darauf sie endlich den Grundton wiederfindet, der die Befriedigung und Beruhigung des Willens ausdrückt, mit welchem aber nachher weiter nichts mehr zu machen ist und dessen längeres Anhalten nur lästige und nichtssagende Monotonie wäre, der Langenweile entsprechend.

Alles, was diese Betrachtungen deutlich machen sollten, die Unerreichbarkeit dauernder Befriedigung und die Negativität alles Glückes, findet seine Erklärung in dem, was am Schlusse des zweiten Buches gezeigt ist: daß nämlich der Wille, dessen Objektivation das Menschenleben wie jede Erscheinung ist, ein Streben ohne Ziel und ohne Ende ist. Das Gepräge dieser Endlosigkeit finden wir auch allen Theilen seiner gesammten Erscheinung aufgedrückt, von der allgemeinsten Form dieser, der Zeit und dem Raum ohne Ende an, bis zur vollendetesten aller Erscheinungen, dem Leben und Streben des Menschen. – Man kann drei Extreme des Menschenlebens theoretisch annehmen und sie als Elemente des wirklichen Menschenlebens betrachten. Erstlich, das gewaltige Wollen, die großen Leidenschaften (Radscha-Guna). Es tritt hervor in den großen historischen Charakteren; es ist geschildert im Epos und Drama: es kann sich aber auch in der kleinen Sphäre zeigen, denn die Größe der Objekte mißt sich hier nur nach dem Grade, in welchem sie den Willen bewegen, nicht nach ihren äußeren Verhältnissen. Sodann zweitens das reine Erkennen, das Auffassen der Ideen, bedingt durch Befreiung der Erkenntniß vom Dienst des Willens: das Leben des Genius (Satwa-Guna). Endlich drittens, die größte Lethargie des Willens und damit der an ihn gebundenen Erkenntniß, leeres Sehnen, lebenserstarrende Langeweile (Tama-Guna). Das Leben des Individuums, weit entfernt in einem dieser Extreme zu verharren, berührt sie nur selten, und ist meistens nur ein schwaches und schwankendes Annähern zu dieser oder jener Seite, ein dürftiges Wollen kleinlicher Objekte, stets wiederkehrend und so der Langenweile entrinnend. – Es ist wirklich unglaublich, wie nichtssagend und bedeutungsleer, von außen gesehen, und wie dumpf und besinnungslos, von innen empfunden, das Leben der allermeisten Menschen dahinfließt. Es ist ein mattes Sehnen und Quälen, ein träumerisches Taumeln durch die vier Lebensalter hindurch zum Tode, unter Begleitung einer Reihe trivialer Gedanken. Sie gleichen Uhrwerken, welche aufgezogen werden und gehen, ohne zu wissen warum; und jedes Mal, daß ein Mensch gezeugt und geboren worden ist, ist die Uhr des Menschenlebens aufs neue aufgezogen, um jetzt ihr schon zahllose Male abgespieltes Leierstück abermals zu wiederholen, Satz vor Satz und Takt vor Takt, mit unbedeutenden Variationen. – Jedes Individuum, jedes Menschengesicht und dessen Lebenslauf ist nur ein kurzer Traum mehr des unendlichen Naturgeistes, des beharrlichen Willens zum Leben, ist nur ein flüchtiges Gebilde mehr, das er spielend hinzeichnet auf sein unendliches Blatt, Raum und Zeit, und eine gegen diese verschwindend kleine Weile bestehen läßt, dann auslöscht, neuen Platz zu machen. Dennoch, und hier liegt die bedenkliche Seite des Lebens, muß jedes dieser flüchtigen Gebilde, dieser schaalen Einfälle, vom ganzen Willen zum Leben, in aller seiner Heftigkeit, mit vielen und tiefen Schmerzen und zuletzt mit einem lange gefürchteten, endlich eintretenden bittern Tode bezahlt werden. Darum macht uns der Anblick eines Leichnams so plötzlich ernst.

Das Leben jedes Einzelnen ist, wenn man es im Ganzen und Allgemeinen übersieht und nur die bedeutsamsten Züge heraushebt, eigentlich immer ein Trauerspiel; aber im Einzelnen durchgegangen, hat es den Charakter des Lustspiels. Denn das Treiben und die Plage des Tages, die rastlose Neckerei des Augenblicks, das Wünschen und Fürchten der Woche, die Unfälle jeder Stunde, mittelst des stets auf Schabernack bedachten Zufalls, sind lauter Komödienscenen. Aber die nie erfüllten Wünsche, das vereitelte Streben, die vom Schicksal unbarmherzig zertretenen Hoffnungen, die unsäligen Irrthümer des ganzen Lebens, mit dem steigenden Leiden und Tode am Schlusse, geben immer ein Trauerspiel. So muß, als ob das Schicksal zum Jammer unseres Daseyns noch den Spott fügen gewollt, unser Leben alle Wehen des Trauerspiels erhalten, und wir dabei doch nicht einmal die Würde tragischer Personen behaupten können, sondern, im breiten Detail des Lebens, unumgänglich läppische Lustspielcharaktere seyn.

So sehr nun aber auch große und kleine Plagen jedes Menschenleben füllen und in steter Unruhe und Bewegung erhalten, so vermögen sie doch nicht die Unzulänglichkeit des Lebens zur Erfüllung des Geistes, das Leere und Schaale des Daseyns zu verdecken, oder die Langeweile auszuschließen, die immer bereit ist, jede Pause zu füllen, welche die Sorge läßt. Daraus ist es entstanden, daß der menschliche Geist, noch nicht zufrieden mit den Sorgen, Bekümmernissen und Beschäftigungen, die ihm die wirkliche Welt auflegt, sich in der Gestalt von tausend verschiedenen Superstitionen noch eine imaginäre Welt schafft, mit dieser sich dann auf alle Weise zu thun macht und Zeit und Kräfte an ihr verschwendet, sobald die wirkliche ihm die Ruhe gönnen will, für die er gar nicht empfänglich ist. Dieses ist daher auch ursprünglich am meisten der Fall bei den Völkern, welchen die Milde des Himmelsstriches und Bodens das Leben leicht macht, vor allen bei den Hindus, dann bei den Griechen, Römern, und später bei den Italiänern, Spaniern u. s. w. – Dämonen, Götter und Heilige schafft sich der Mensch nach seinem eigenen Bilde; diesen müssen dann unablässig Opfer, Gebete, Tempelverzierungen, Gelübde und deren Lösung, Wallfahrten, Begrüßungen, Schmückung der Bilder u. s. w. dargebracht werden. Ihr Dienst verwebt sich überall mit der Wirklichkeit, ja verdunkelt diese: jedes Ereigniß des Lebens wird dann als Gegenwirkung jener Wesen aufgenommen: der Umgang mit ihnen füllt die halbe Zeit des Lebens aus, unterhält beständig die Hoffnung und wird durch den Reiz der Täuschung oft interessanter als der mit wirklichen Wesen. Er ist der Ausdruck und das Symptom der doppelten Bedürftigkeit des Menschen, theils nach Hülfe und Beistand, und theils nach Beschäftigung und Kurzweil: und wenn er auch dem ersten Bedürfniß oft gerade entgegenarbeitet, indem, bei vorkommenden Unfällen und Gefahren, kostbare Zeit und Kräfte, statt auf deren Abwendung, auf Gebete und Opfer unnütz verwendet werden; so dient er dem zweiten Bedürfniß dafür desto besser, durch jene phantastische Unterhaltung mit einer erträumten Geisterwelt: und dies ist der gar nicht zu verachtende Gewinn aller Superstitionen.

Blaise Pascal

Die Unsterblichkeit der Seele

Die Unsterblichkeit der Seele ist etwas, das uns so sehr angeht, das uns so tief berührt, daß man jedes Gefühl verloren haben muß, wenn es einem gleichgültig ist, zu wissen, was es damit auf sich hat. Alle unsere Handlungen und unsere Gedanken müssen, je nachdem, ob es ewige Güter zu erhoffen gibt oder nicht, derart verschiedene Wege einschlagen, daß es unmöglich ist, mit Sinn und Urteil einen Schritt zu tun, ohne ihn durch die Sicht auf jenen Punkt zu bestimmen, der unser letztes Ziel sein soll.

So ist es unser erstes Anliegen und unsere erste Pflicht, uns über diesen Gegenstand klar zu werden, von dem all unser Verhalten abhängt; und daher mache ich bei denen, die davon nicht überzeugt sind, einen äußersten Unterschied zwischen solchen, die aus all ihren Kräften daran arbeiten, sich darüber zu unterrichten, und solchen, die dahinleben, ohne sich darum zu sorgen und ohne daran zu denken.

Ich kann nur Mitgefühl haben mit denen, die aufrichtig in diesem Zweifel seufzen, die ihn als das äußerste Unglück betrachten, und die keine Mühe scheuen, davon loszukommen, und diese Suche zu ihrer hauptsächlichsten und ernstesten Beschäftigung machen.

Was aber die betrifft, die ihr Leben verbringen, ohne an jenes letzte Ziel des Lebens zu denken, und die einzig darum, weil sie selber nicht die Einsicht finden, die sie davon überzeugt, es verabsäumen, sie anderswo zu suchen und von Grund auf zu prüfen, ob diese Meinung zu denen gehört, die das Volk in leichtgläubiger Einfalt annimmt, oder zu denen, die, wenn sie auch an sich dunkel sind, gleichwohl eine sehr feste und unerschütterliche Grundlage haben, – die sehe ich ganz anders an.

Diese Nachlässigkeit in einer Sache, bei der es sich um sie selber handelt, um ihre Ewigkeit, um ihr Alles, erregt mich mehr, als daß sie mich rührte; sie bestürzt und erschreckt mich; eine Ungeheuerlichkeit ist das für mich. Ich sage dies nicht aus dem frommen Eifer geistlicher Erbauung; ich meine im Gegenteil, daß man dieses Gefühl aus einem Grundsatz menschlichen Eigennutzes und aus einem Interesse der Selbstliebe haben muß; man muß dazu nur das sehen, was die am wenigsten erleuchteten Menschen sehen.

Wir bedürfen keiner sonderlich erhabenen Seele, um zu begreifen, daß es hier keine wahrhafte und dauernde Befriedigung gibt, daß alle unsere Vergnügungen nur Eitelkeit sind, daß unsere Leiden unendlich sind, und daß uns schließlich der Tod, der uns in jedem Augenblick bedroht, in wenig Jahren unfehlbar in die entsetzliche Notwendigkeit versetzen wird, auf ewig vernichtet oder unglücklich zu sein.

Es gibt nichts Wirklicheres als dies, und nichts Schrecklicheres. Spielen wir, solange wir wollen, die Tapferen: das ist das Ende, welches das schönste Leben der Welt erwartet. Darüber denke man nach, und dann sage man, ob es nicht unzweifelhaft ist, daß es in diesem Leben kein Gut gibt, als in der Hoffnung auf ein anderes Leben, daß man nur in dem Maße glücklich ist, als man sich diesem nähert, und daß es, wie es kein Unglück mehr geben wird für die, welche eine völlige Zuversicht auf die Ewigkeit hatten, auch kein Glück gibt für die, welche darin keine Einsicht haben.

Es ist also sicherlich ein großes Übel, in diesem Zweifel zu sein; aber es ist zumindest eine unerläßliche Pflicht, zu suchen, wenn man in diesem Zweifel ist; und so ist der, welcher zweifelt und nicht sucht, beides zusammen, sehr unglücklich und sehr im Unrecht. Wenn er damit ruhig und zufrieden ist, wenn er es darauf anlegt und wenn er sich schließlich etwas darauf einbildet und eben diesen seinen Zustand zum Gegenstand seiner Freude und seiner Eitelkeit macht, dann habe ich keine Begriffe mehr, um ein so überspanntes Geschöpf zu bezeichnen.

Wo kann man diese Gefühle fassen? Welchen Grund zur Freude findet man darin, nicht mehr zu erwarten als Elend ohne Rettung? Welchen Grund zur Eitelkeit, sich in undurchdringlichen Finsternissen zu sehen? Und wie kann es geschehen, daß diese Überlegung in einem vernünftigen Menschen vor sich geht?

»Ich weiß nicht, wer mich in die Welt gesetzt hat, noch was

die Welt ist, noch was ich selber bin; ich bin in einer schrecklichen Unwissenheit über alle Dinge; ich weiß nicht, was das ist: mein Leib, meine Sinne, meine Seele und selbst jener Teil von mir, der denkt, was ich sage, der über alles und über sich selbst nachdenkt und sich nicht besser erkennt als das Übrige. Ich sehe diese fürchterlichen Räume des Alls, die mich einschließen, und ich finde mich an eine Ecke dieses weiten Raumes gebunden, ohne daß ich wüßte, warum ich eher an diesen als an einen anderen Ort gestellt bin, noch warum dies Wenige an Zeit, das mir zum Leben gegeben ist, mir eher an diesem als an einem andern Punkte der ganzen Ewigkeit zugewiesen ist, die mir vorhergegangen ist, und jener ganzen, die mir folgt. Ich sehe von allen Seiten nur Unendlichkeiten, die mich umschließen wie ein Atom und wie einen Schatten, der nur einen Augenblick dauert, ohne Wiederkehr. Alles, was ich weiß, ist, daß ich bald sterben muß; aber was ich am wenigsten kenne, das ist dieser Tod selber, dem ich nicht zu entgehen vermag.

Wie ich nicht weiß, woher ich komme, so weiß ich auch nicht, wohin ich gehe; und ich weiß nur, daß ich, wenn ich aus dieser Welt gehe, für immer entweder in das Nichts, oder in die Hände eines erzürnten Gottes falle, ohne zu wissen, welcher dieser beiden Zustände ewiglich mein Teil sein soll. Das ist mein Stand im Dasein, voller Schwachheit und Ungewißheit. Und aus alledem schließe ich, daß ich also alle Tage meines Lebens verbringen darf, ohne daran zu denken, das zu erforschen, was mir beschieden sein soll. Vielleicht könnte ich einige Aufklärung in meinen Zweifeln finden; aber ich will mir nicht die Mühe machen, noch einen Schritt tun, um jene zu suchen; und indem ich diejenigen mit Verachtung behandle, die sich in dieser Sorge abarbeiten, will ich dann, ohne Voraussicht und ohne Furcht, es mit einem so großen Ereignis wagen und mich lässig zum Tode führen lassen, in der Ungewißheit über die Ewigkeit meiner künftigen Verfassung ...«

Nichts ist für den Menschen so wichtig wie sein Stand im Dasein; nichts ist für ihn so bedrohlich wie die Ewigkeit. Und daher: wenn es Menschen gibt, die gegen den Verlust ihres Seins und gegen die Gefahr einer Ewigkeit von Elend gleichgültig sind, so ist das keineswegs natürlich. Sie verhalten sich ganz anders zu allen anderen Dingen; sie fürchten sogar die geringsten Dinge, sie sehen sie voraus, sie spüren sie; und derselbe Mensch, der so viele Tage und Nächte in Wut und Verzweiflung hinbringt über den Verlust eines Amtes oder über irgendeine eingebildete Beleidigung seiner Ehre, – er ist eben der gleiche, der ohne Unruhe und ohne Erregung weiß, daß er durch den Tod alles verlieren wird. Es ist etwas Ungeheuerliches, im selben Herzen und zur selben Zeit jene Empfänglichkeit für die geringsten und diese seltsame Unempfänglichkeit für die größten Dinge zu sehen. Das ist eine unbegreifliche Verzauberung und eine übernatürliche Betäubung, die auf eine allmächtige Gewalt hinweist, die sie verursacht.

Es muß eine seltsame Verkehrung in der Natur des Menschen geben, daß er sich einen Ruhm daraus macht, in diesem Zustande zu sein, von dem es doch unglaubhaft erscheint, daß auch nur ein einziger Mensch darin bestehen könne ... Nichts verrät besser eine äußerste Schwäche des Geistes, als nicht zu erkennen, wie groß das Unglück eines Menschen ohne Gott ist; nichts kennzeichnet vornehmlicher eine böse Anlage des Herzens, als nicht die Wahrheit der ewigen Verheißungen zu wünschen; nichts ist feiger, als gegen Gott den Tapferen zu spielen.

Wilhelm Heinrich Wackenroder

Ein wunderbares morgenländisches Märchen von einem nackten Heiligen

Das Morgenland ist die Heimat alles Wunderbaren, in dem Altertume und der Kindheit der dortigen Meinungen findet man auch höchst seltsame Winke und Rätsel, die immer noch dem Verstande, der sich für klüger hält, aufgegeben werden. So wohnen dort in den Einöden oft seltsame Wesen, die wir wahnsinnig nennen, die aber dort als übernatürliche Wesen verehrt werden. Der orientalische Geist betrachtet diese nackten Heiligen als die wunderlichen Behältnisse eines höhern Genius, der aus dem Reiche des Firmaments sich in eine menschliche Gestalt verirrt hat, und sich nun nicht nach Menschenweise zu gebärden weiß. Auch sind ja alle Dinge in der Welt so oder anders, nachdem wir sie so oder anders betrachten; der Verstand des Menschen ist eine Wundertinktur, durch deren Berührung alles, was existiert, nach unserm Gefallen verwandelt wird.

So wohnte einer dieser nackten Heiligen in einer abgelegenen Felsenhöhle, an der ein kleiner Fluß vorüberströmte. Niemand konnte sagen, wie er dorthin gekommen, seit einigen Jahren war er dort bemerkt, eine Karawane hatte ihn zuerst entdeckt, und seitdem geschahen häufige Wallfahrten nach seiner einsamen Wohnung.

Dieses wunderliche Geschöpf hatte in seinem Aufenthalte Tag und Nacht keine Ruhe, ihm dünkte immer, er höre unaufhörlich in seinen Ohren das Rad der Zeit seinen sausenden Umschwung nehmen. Er konnte vor dem Getöse nichts tun, nichts vornehmen, die gewaltige Angst, die ihn in immerwährender Arbeit anstrengte, verhinderte ihn, irgend etwas zu sehn und zu hören, als wie sich mit Brausen, mit gewaltigem Sturmwindsausen das fürchterliche Rad drehte und wieder drehte, das bis an die Sterne und hinüber reichte. Wie ein Wasserfall von tausend und aber tausend brüllenden Strömen, die vom Himmel herunterstürzten, sich ewig, ewig ohne augenblicklichen Stillstand, ohne die Ruhe einer Sekunde ergossen, so tönte es in seine Ohren, und alle seine Sinne waren mächtig nur darauf hingewandt, seine arbeitende Angst war immer mehr und mehr in den Strudel der wilden Verwirrung ergriffen und hineingerissen, immer ungeheurer verwilderten die einförmigen Töne durcheinander: er konnte nun nicht ruhn, sondern man sah ihn Tag und Nacht in der angestrengtesten, heftigsten Bewegung, wie eines Menschen, der bemüht ist, ein ungeheures Rad umzudrehen. Aus seinen abgebrochenen, wilden Reden erfuhr man, daß er sich von dem Rade fortgezogen fühle, daß er dem tobenden, pfeilschnellen Umschwunge mit der ganzen Anstrengung seines Körpers zu Hülfe kommen wolle, damit die Zeit ja nicht in die Gefahr komme, nur einen Augenblick stillzustehn. Wenn man ihn fragte, was er tue, so schrie er wie in einem Krampf die Worte heraus: Ihr Unglückseligen! Hört ihr denn nicht das rauschende Rad der Zeit? Und dann drehte und arbeitete er wieder noch heftiger, daß sein Schweiß auf die Erde floß, und mit verzerrten Gebärden legte er die Hand auf sein pochendes Herz, als wolle er fühlen, ob das große Räderwerk in seinem ewigen Gange sei. Er wütete, wenn er sah, daß die Wanderer, die zu ihm wallfahrteten, ganz ruhig standen, und ihm zusahen, oder hin und wieder gingen und miteinander sprachen. Er zitterte vor Heftigkeit, und zeigte ihnen den unaufhaltsamen Umschwung des ewigen Rades, das einförmige, taktmäßige Fortsausen der Zeit; er knirschte mit den Zähnen, daß sie von dem Getriebe, in dem auch sie verwickelt und fortgezogen würden, nichts fühlten und bemerkten; er schleuderte sie von sich, wenn sie ihm in der Raserei zu nahe kamen. Wollten sie sich nicht in Gefahr setzen, so mußten sie seine angestrengte Bewegung lebhaft nachahmen. Aber noch viel wilder und gefährlicher wurde seine Raserei, wenn es sich zutrug, daß in seiner Nähe irgendeine körperliche Arbeit vorgenommen wurde, wenn ein Mensch, der ihn nicht kannte, etwa bei seiner Höhle Kräuter sammelte oder Holz fällte. Dann pflegte er wild aufzulachen, daß unter dem gräßlichen Fortrollen der Zeit noch jemand an diese kleinlichen irdischen Beschäftigungen denken konnte; wie ein Tigertier war er dann mit einem einzigen Sprunge aus seiner Höhle, und wenn er den Unglücklichen erhaschen konnte, schlug er ihn mit einem einzigen Schlage tot zu Boden. Schnell sprang er dann in seine Höhle zurück, und drehte noch heftiger als zuvor das Rad der Zeit; er wütete aber noch lange fort, und sprach in abgebrochenen Reden, wie es den Menschen möglich sei, noch etwas anders zu treiben, ein taktloses Geschäft vorzunehmen. Er war nicht imstande, seinen Arm nach irgendeinem Gegenstande auszustrecken, oder etwas mit der Hand zu ergreifen; er konnte keinen Schritt mit den Füßen tun, wie andre Menschen. Eine zitternde Angst flog durch alle seine Nerven, wenn er nur ein einzigmal versuchen wollte, den schwindlichten Wirbel zu unterbrechen. Nur manchmal in schönen Nächten, wenn der Mond auf einmal vor die Öffnung seiner finstern Höhle trat, hielt er plötzlich inne, sank auf den Boden, warf sich umher und winselte vor Verzweiflung; auch weinte er bitterlich wie ein Kind, daß das Sausen des mächtigen Zeitrades ihm nicht Ruhe lasse, irgend etwas auf Erden zu tun, zu handeln, zu wirken und zu schaffen. Dann fühlte er eine verzehrende Sehnsucht nach unbekannten schönen Dingen; er bemühte sich, sich aufzurichten und Hände und Füße in eine sanfte und ruhige Bewegung zu bringen, aber vergeblich! Er suchte etwas Bestimmtes, Unbekanntes, was er ergreifen und woran er sich hängen wollte; er wollte sich außerhalb oder in sich vor sich selber retten, aber vergeblich! Sein Weinen und seine Verzweiflung stieg aufs höchste, mit lautem Brüllen sprang er von der Erde auf und drehte wieder an dem gewaltigsausenden Rade der Zeit. Das währte mehrere Jahre fort, Tag und Nacht.

Einst aber war eine wunderschöne, mondhelle Sommernacht, und der Heilige lag wieder weinend und händeringend auf dem Boden seiner Höhle. Die Nacht war entzückend: an dem dunkelblauen Firmamente blinkten die Sterne wie goldene Zierden an einem weit übergebreiteten, beschirmenden Schilde, und der Mond strahlte von den hellen Wangen seines Antlitzes ein sanftes Licht, worin die grüne Erde sich badete. Die Bäume hingen in dem zauberhaften Schein wie wallende Wolken auf ihren Stämmen, und die Wohnungen der Menschen waren in dunkle Felsengestalten und dämmernde Geisterpaläste verwandelt. Die Menschen, nicht mehr vom Sonnenglanze geblendet, wohnten mit ihren Blicken am Firmamente, und ihre Seelen spiegelten sich schön in dem himmlischen Scheine der Mondnacht.

Zwei Liebende, die sich ganz den Wundern der nächtlichen Einsamkeit ergeben wollten, fuhren in dieser Nacht auf einem leichten Nachen den Fluß herauf, der an der Felsenhöhle des Heiligen vorüberströmte. Der durchdringende Mondstrahl hatte den Liebenden die innersten, dunkelsten Tiefen ihrer Seele erhellt und aufgelöst, ihre leisesten Gefühle zerflossen und wogten vereinigt in uferlosen Strömen daher. Aus dem Nachen wallte eine ätherische Musik in den Raum des Himmels empor, süße Hörner, und ich weiß nicht welche andre zauberische Instrumente, zogen eine schwimmende Welt von Tönen hervor, und in den auf- und niederwallenden Tönen vernahm man folgenden Gesang:

> Süße Ahndungsschauer gleiten
> Über Fluß und Flur dahin,
> Mondesstrahlen hold bereiten
> Lager liebetrunknem Sinn.
> Ach, wie ziehn, wie flüstern die Wogen,
> Spiegelt in Wellen der Himmelsbogen.

Liebe in dem Firmamente
Unter uns in blanker Flut,
Zündet Sternglanz, keiner brennte
Gäbe Liebe nicht den Mut:
Uns, vom Himmelsodem gefächelt,
Himmel und Wasser und Erde lächelt.

Mondschein liegt auf allen Blumen,
Alle Palmen schlummern schon,
In der Waldung Heiligtumen
Waltet, klingt der Liebe Ton:
Schlafend verkündigen alle Töne,
Palmen und Blumen der Liebe Schöne.

Mit dem ersten Tone der Musik und des Gesanges war dem
nackten Heiligen das sausende Rad der Zeit verschwunden. Es
waren die ersten Töne, die in diese Einöde fielen; die unbe-
kannte Sehnsucht war gestillt, der Zauber gelöst, der verirrte
Genius aus seiner irdischen Hülle befreit. Die Gestalt des Heiligen war verschwunden, eine engelschöne Geisterbildung, aus
leichtem Dufte gewebt, schwebte aus der Höhle, streckte die
schlanken Arme sehnsuchtsvoll zum Himmel empor, und hob
sich nach den Tönen der Musik in tanzender Bewegung von
dem Boden in die Höhe. Immer höher und höher in die Lüfte schwebte die helle Luftgestalt, von den sanftschwellenden
Tönen der Hörner und des Gesanges emporgehoben; – mit
himmlischer Fröhlichkeit tanzte die Gestalt hier und dort,
hin und wieder auf den weißen Gewölken, die im Luftraume
schwammen, immer höher schwang er sich mit tanzenden
Füßen in den Himmel hinauf und flog endlich in geschlängelten
Windungen zwischen den Sternen umher; da klangen alle Sterne, und dröhnten einen hellstrahlenden himmlischen Ton durch
die Lüfte, bis der Genius sich in das unendliche Firmament
verlor.

Reisende Karawanen sahen erstaunend die nächtliche Wundererscheinung, und die Liebenden wähnten, den Genius der Liebe und der Musik zu erblicken.

Sören Kierkegaard
Mein Leben ist bis zum Äußersten gebracht

Mein stiller Mitwisser!
Mein Leben ist bis zum Äußersten gebracht; ich ekele mich vor dem Dasein, es ist geschmacklos ohne Salz und Sinn. Wenn ich hungriger als Pierrot wäre, gelüstete es mich dennoch nicht danach, jene Erklärung zu fressen, welche die Menschen anbieten. Man steckt den Finger in die Erde, um zu riechen, in welchem Land man sich befindet, ich stecke den Finger ins Dasein – es riecht nach nichts. Wo bin ich? Was will das besagen: die Welt? Was bedeutet dieses Wort? Wer hat mich in das Ganze hinein genarrt und läßt mich nun da stehen? Wer bin ich? Wie bin ich in die Welt hineingekommen; warum bin ich nicht gefragt worden, warum nicht mit Bräuchen und Regeln bekannt gemacht worden, sondern ins Glied gesteckt, als sei ich von einem Seelenverkooper gekauft? Wie bin ich Interessent in jener großen Entreprise geworden, die man die Wirklichkeit nennt? Warum soll ich Interessent sein? Ist das nicht freigestellt? Und soll ich es notwendig sein, wo ist denn der Verhandlungsleiter, ich habe eine Bemerkung zu machen? Gibt es keinen Verhandlungsleiter? Wo soll ich mich mit meiner Klage hinwenden? Das Dasein ist ja eine Debatte, darf ich darum bitten, daß meine Betrachtung mit in Erwägung gezogen wird? Soll man das Dasein nehmen als was es ist, wäre es dann nicht am besten, daß man zu wissen bekäme, wie es ist? Was heißt

das: ein Betrüger? Sagt Cicero nicht, man finde einen solchen heraus, indem man frage: *cui bono* (wem nützt es)? Ich lasse einen jeden fragen und frage jeden danach, ob es mir etwas genützt hat, mich selber und ein Mädchen unglücklich zu machen? Schuld – was soll das heißen? Ist das Hexerei? Weiß man nicht mit Bestimmtheit, wie es zugeht, daß ein Mensch schuldig wird? Will niemand antworten? Ist denn dies nicht für alle die Herren Teilnehmer von äußerster Wichtigkeit? Mein Verstand steht still oder richtiger, er bleibt mir weg? Im einen Augenblick bin ich müde und matt, ja, wie tot vor Gleichgültigkeit, im anderen Augenblick rase ich und fahre verzweifelt vom einen Ende der Welt zum anderen, um jemand zu finden, an dem ich meinen Zorn auslassen könnte. Der ganze Inhalt meines Wesens schreit in Widerspruch mit sich selbst. Wie ist es zugegangen, daß ich schuldig wurde? Oder bin ich nicht schuldig? Warum werde ich dann in allen Zungen so genannt? Was ist die menschliche Sprache für eine jämmerliche Erfindung, daß sie eines sagt und ein anderes meint.

Ist mir nicht etwas zugestoßen, ist das Ganze nicht eine Begebenheit? Konnte ich im voraus wissen, mein ganzes Wesen würde eine Veränderung erfahren, ich werde ein anderer Mensch werden? Brach vielleicht hervor, was dunkel in meiner Seele gelegen hatte? Aber wenn es dunkel da gelegen hatte, wie hätte ich es denn voraussehen können? Aber konnte ich es nicht voraussehen, dann bin ich ja unschuldig. Wenn ich einen Nervenschlag erhalten hätte, wäre ich dann auch schuldig gewesen? Was ist jenes Mit-menschlicher-Zunge-Reden, das man Sprache nennt, für ein jämmerliches Kauderwelsch, das nur von einer Clique verstanden wird! Sind die Stummen nicht weiser, daß sie nie von derlei reden? – Bin ich treulos? Wenn sie dabei bliebe, mich zu lieben, und nie jemand anders lieben würde, dann wäre sie mir ja treu. Wenn ich dabei bleibe, sie lieben zu wollen, bin ich dann treulos? Wir tun ja beide das gleiche, wieso werde ich denn zum Betrüger, weil ich meine Treue dadurch beweise, daß ich betrüge? Weshalb soll sie recht haben, ich unrecht? Wenn wir beide treu sind, weshalb wird dies dann in der menschlichen Sprache so ausgedrückt, daß sie treu sei, ich ein Betrüger?

Wenn sich die ganze Welt gegen mich erhöbe, wenn alle Scholastiker mit mir disputieren möchten, wenn es mein Leben gälte, ich habe dennoch recht. Das soll niemand mir entreißen, wenngleich es keine Sprache gibt, in der ich es ausdrücken kann. Ich habe richtig gehandelt. Meine Liebe läßt sich nicht in einer Ehe zum Ausdruck bringen. Tue ich es, ist sie zerschmettert. Vielleicht ist die Möglichkeit ihr lockend erschienen. Dafür kann ich nicht, sie ist es auch für mich gewesen. Im gleichen Augenblick, wo es Wirklichkeit wird, ist alles verloren, dann ist es zu spät. Die Wirklichkeit, in der sie ihre Bedeutung haben soll, wird für mich bloß zu einem Schatten, der neben meiner eigentlichen Geistes-Wirklichkeit herläuft, ein Schatten, der mich bald zum Lachen bringen, bald störend in meine Existenz eingreifen wird. Es wird damit enden, daß ich sie anfasse, tastend, als griffe ich einen Schatten, oder als streckte ich meine Hand nach einem Schatten aus. Ist ihr Leben dann nicht vertan? Sie wäre für mich ja wie tot, ja, sie könnte die Versuchung in meiner Seele erwecken, sie tot zu wünschen. Wenn ich sie dann zerschmettere, sie gerade in dem Augenblick verflüchtige, in dem ich sie zu Wirklichkeit machen will, anstatt daß ich sie im anderen Fall in einer wahren, wenngleich in anderem Verstande beängstigenden Wirklichkeit behalte – was dann? Dann sagt die Sprache, ich sei schuldig; denn ich müßte es vorausgesehen haben. – Welche Macht ist dies, die mir meine Ehre und meinen Stolz nehmen und es auf eine so sinnlose Weise tun will? Bin ich denn preisgegeben? Soll ich denn schuldig und ein Betrüger sein, was auch immer ich tue, selbst wenn ich nichts tue? – Oder bin ich vielleicht verrückt? Dann wäre es wohl das beste, mich einzusperren, denn die menschliche Feigheit fürchtet sich insbesondere vor den Erklärungen der Wahnsinnigen und Ster-

66

benden. Was heißt das: wahnsinnig? Was soll ich tun, um mich jener bürgerlichen Achtung zu erfreuen, für klug angesehen zu werden? Warum antwortet man nicht? Ich setze eine angemessene Belohnung aus, wenn jemand ein neues Wort erfindet! Ich habe die Alternativen bezeichnet. Ist jemand so klug, daß er mehr als zwei weiß? Aber weiß er nicht mehr, dann ist es ja Nonsens, daß ich wahnsinnig, treulos und ein Betrüger sein soll, während das Mädchen treu und vernünftig und von den Menschen geachtet ist. Oder soll mir zur Last gelegt werden, daß ich die erste so schön wie möglich gemacht habe? Besten Dank! Als ich ihre Freude gewahrte, geliebt zu werden, da habe ich mich und alles, worauf sie wies, der Zaubermacht der Liebe unterworfen. Ist es Schuld, daß ich es vermocht, oder Schuld, daß ich es getan habe? Wer trägt Schuld daran außer ihr selber und jenem Dritten, wovon niemand weiß, woher es kam, jenes, das mich mit seinem Schlag berührt und verwandelt hat? Was ich getan habe, rühmt man ja bei anderen. – Oder ist dies mein Entgelt, daß ich zum Dichter wurde? Ich verbitte mir jedes Entgelt, ich fordere mein Recht: meine Ehre. Ich habe nicht darum gebeten, es zu werden, und will es nicht um diesen Preis erkaufen. – Oder, wenn ich schuldig bin, dann muß ich ja meine Schuld bereuen können und sie wiedergutmachen. Man erkläre mir auf welche Weise. Soll ich vielleicht obendrein bereuen, daß die Welt sich mit mir zu spielen erlaubt wie das Kind mit einem Maikäfer? – Oder wäre es vielleicht das beste, das Ganze zu vergessen? Vergessen, ich habe ja aufgehört zu sein, falls ich es vergesse, oder was für ein Leben ist das, wenn ich mit der Geliebten Ehre und Stolz verloren habe, und derart verloren, daß keiner weiß, wie es zugegangen ist, weshalb ich es denn nie wieder aufrichten kann? Soll ich mich solchermaßen herauspuffen lassen; warum bin ich denn hineingepufft worden, ich habe nicht darum gebeten?

Wer eingesperrt bei Wasser und Brot sitzt, hat es besser, als ich es habe. Meine Betrachtungen sind, menschlich gesprochen, die knappste Diät, die man sich vorstellen kann, und doch empfinde ich eine Befriedigung dabei, mich so in all meiner Mikrokosmischheit so makrokosmisch wie möglich zu gebärden.

Mit den Menschen spreche ich nicht, um jedoch nicht jede Kommunikation mit ihnen abzubrechen, sowie um sie nicht mit Geschwätz abzuspeisen, habe ich einen Haufen Verse, kernvolle Äußerungen, Sprichwörter, kurze Sentenzen jener unsterblichen griechischen und römischen Skribenten gesammelt, die zu allen Zeiten bewundert worden sind. Zu dieser Anthologie habe ich mehrere vorzügliche Zitate aus dem unter dem Privilegium des Waisenhauses herausgegebenen Balleschen Lehrbuch hinzugefügt. Fragt man mich nach etwas, so habe ich meine Antwort parat. Ich zitiere die Klassiker ebensogut wie Peer Degn und zitiere obendrein Balles Lehrbuch. »Wenn wir auch alle erwünschte Ehre erreicht hätten, sollen wir uns nicht zu Übermut oder Hoffart hinreißen lassen.« Ich betrüge dann niemanden. Wie viele gibt es wohl, die immer eine Wahrheit oder eine gute Bemerkung sagen. »Unter dem Namen Welt werden im allgemeinen Himmel und Erde zusammengefaßt, mit allem, was sich dort befindet.«

Was könnte es auch helfen, wenn ich etwas sagen wollte, es gibt niemanden, der mich versteht; mein Schmerz und mein Leiden sind namenlos, wie ich es selbst bin, der, obgleich er keinen Namen hat, vielleicht doch immer für Sie etwas bleibt, und jedenfalls verbleibt

Ihr Ergebener

Epiktet

Wie man gegen die Schwierigkeiten kämpfen muß

Was ein Mann ist, beweist er, wenn er in Schwierigkeiten ist. Also denke daran, wenn eine Schwierigkeit auftritt, daß dich Gott wie ein Trainer einem starken Partner gegenübergestellt hat. »Wozu?« fragt man. Damit du Olympiasieger wirst. Ohne Schweiß geht das nicht. Mir scheint, niemand ist mit einer besseren und schöneren Schwierigkeit konfrontiert als du, wenn du nur bereit bist, sie so anzupacken wie der Athlet seinen starken Gegner. Und jetzt schicken wir einen Kundschafter nach Rom. Niemand schickt aber einen feigen Kundschafter los, der doch nur, sobald er nur ein Geräusch hört und irgendwo einen Schatten sieht, völlig verstört zurückgelaufen kommt und schreit, daß die Feinde schon da seien. Geradeso steht die Sache jetzt. Wenn du kommst und uns meldest: »Die Lage in Rom ist furchtbar, etwas Schreckliches ist der Tod, schrecklich die Verbannung, Beschimpfung, Armut. Flieht, Leute, die Feinde sind da«, dann werden wir sagen: »Geh fort und prophezeie dir selbst. Wir haben nur den Fehler gemacht, daß wir einen solchen Kerl als Kundschafter ausschickten.«

Vor dir war Diogenes als Kundschafter ausgesandt. Er hat uns etwas anderes verkündet. Er hat gesagt: »Der Tod ist kein Übel. Denn er ist keine Schande.« Er sagt: »Üble Nachrede ist das Geschwätz von Idioten.« Was hat dieser Kundschafter über die Anstrengung, über die Lust, über die Armut berichtet? »Nackt zu sein«, sagt er, »ist besser als jedes Purpurgewand.« Oder: »Auf dem bloßen Erdboden zu schlafen, bedeutet das weichste Bett.« Und jedes seiner Worte bestätigt er mit seinem Mut, seiner Unerschütterlichkeit, seiner Freiheit und seinem vor Gesundheit strotzenden und gut trainierten Körper. »Kein Feind ist in der Nähe. Alles ist von Frieden erfüllt.« Wieso,

Diogenes? »Sieh mich an. Bin ich etwa getroffen oder verwundet? Bin ich etwa vor jemandem geflohen?« Das ist ein Kundschafter, wie er sein muß. Du aber kommst zu uns und erzählst uns Schauergeschichten. Willst du nicht wieder umkehren und genauer hinsehen – frei von Angst?

»Was soll ich nun tun?« Was tust du, wenn du von Bord an Land gehst? Nimmst du etwa das Steuer oder die Ruder mit? Was nimmst du denn mit? Dein Gepäck, die Ölflasche, den Ranzen. Auch jetzt wirst du, wenn du an dein Eigentum denkst, niemals auf etwas Anspruch erheben, was dir nicht gehört. Er sagt zu dir: »Lege die Toga mit dem breiten Saum ab.« Du ziehst die Toga mit dem schmalen Saum an. »Leg auch diese ab.« Du hast nur noch den Überwurf. »Leg den Überwurf ab.« Du bist nackt. »Aber du machst mich neidisch.« So nimm also meinen ganzen Körper. Wem ich meinen Körper vor die Füße werfen kann, vor dem soll ich noch Angst haben? »Aber er wird mich nicht als seinen Erben einsetzen.« Was soll das? Habe ich denn ganz vergessen, daß mir nichts von diesen Dingen je gehört hat? Wie können wir da sagen, es gehörte mir? Doch nur so, wie das Bett im Gasthaus. Wenn der Gastwirt stirbt, kann er dir natürlich die Betten hinterlassen. Falls er sie aber jemand anders vermacht, wird der sie besitzen, und du wirst dir ein anderes Bett suchen müssen. Wenn du aber keins findest, dann mußt du auf dem nackten Boden schlafen. Dir bleiben dann nur deine Zuversicht, dein Schnarchen und der Gedanke, daß die Tragödien unter den Reichen, den Königen und den Tyrannen spielen und daß kein Armer eine tragische Rolle bekommt, es sei denn als Mitglied des Chores. Die Könige aber beginnen das Drama in ungetrübtem Glück: »Schmückt den Palast mit Girlanden.« Im dritten oder vierten Akt heißt es dann aber: »Ach, Kithairon, warum nahmst du mich auf?« Du Sklave, wo sind deine Kränze, wo ist dein königlicher Schmuck? Nützt dir deine Leibwache nun nichts mehr?

Wenn du also einem dieser großen Männer begegnest, dann

denk daran, daß du einer tragischen Gestalt begegnest, keinem Schauspieler, sondern Ödipus selbst. »Aber der da ist glücklich. Denn er geht mit vielen Begleitern spazieren.« Auch ich schließe mich der Masse an und gehe mit großem Gefolge. Die Hauptsache ist, vergiß nicht, die Tür steht offen. Sei nicht ängstlicher als die Kinder, sondern mach es wie diese: Wenn ihnen die Sache keinen Spaß mehr macht, sagen sie: »Ich will nicht mehr mitspielen.« Sag auch du, wenn dir die Verhältnisse untragbar erscheinen: »Ich will nicht mehr mitspielen«, und entferne dich einfach; falls du aber bleibst, so klage nicht.

Konfuzius

Die fünf Vorbedingungen der Sittlichkeit

Dsï Dschang fragte den Meister Kung nach (dem Wesen) der Sittlichkeit. Meister Kung sprach: »Auf dem ganzen Erdkreis fünf Dinge durchzuführen, das ist Sittlichkeit.« Dsï Dschang sprach: »Darf ich danach fragen?« Meister Kung sprach: »Würde, Weitherzigkeit, Wahrhaftigkeit, Eifer und Gütigkeit. Zeigt man Würde, so wird man nicht mißachtet; Weitherzigkeit: so gewinnt man die Menge; Wahrhaftigkeit: so vertrauen einem die Menschen; Eifer: so hat man Erfolg; Gütigkeit: so ist man fähig, die Menschen zu verwenden.«

Bi Hi berief (den Meister). Der Meister war geneigt, hinzugehen. Dsï Lu sprach: »Einst habe ich vom Meister gehört: ›Wer in seinem persönlichen Betragen nicht gut ist, mit dem läßt sich der Edle nicht ein.‹ Bi Hi hat Dschung Mou im Aufruhr besetzt; wenn (nun) der Meister hingeht: was soll das?« Der Meister sprach: »Ja, ich habe das gesagt; aber heißt es nicht auch: ›Was wirklich fest ist, mag gerieben werden, ohne daß es abgenutzt wird‹? Heißt es nicht: ›Was wirklich weiß ist, kann auch in eine dunkle Flüssigkeit getaucht werden, ohne daß es schwarz wird‹? Wahrlich, bin ich denn ein Kürbis, den man nur aufhängen kann, aber nicht essen?«

Seneca
Lob der Genügsamkeit

Durch eine mehr beschwerliche als lange Reise erschöpft, langte ich spät in der Nacht auf meinem Albanum an. Ich vermisse hier noch alles, was mir not tut, außer mich selbst. Daher gönne ich meiner Müdigkeit die Bequemlichkeit des Lagers und lasse die Säumigkeit des Koches und Bäckers ruhig über mich ergehen. Denn in einem Selbstgespräch führe ich mir eben dies zu Gemüte, daß nichts schwer sei, was man leicht nimmt, und daß nichts des Ärgers wert ist, wenn man nicht selbst dem Ärger Nahrung gibt. Mein Bäcker hat kein Brot: aber mein Verwalter, mein Hausmeister, mein Pächter hat welches. »Ein elendes Brot«, sagst du. Warte nur: Es wird schon gut werden. Auch dieses Brot wird der Hunger verfeinern und zum Weizenbrot machen. Man darf es nur nicht eher essen als bis eben der Hunger es befiehlt. Ich will also warten und nicht eher essen als bis es soweit ist, daß ich entweder gutes Brot bekomme oder aufhöre meinem verwöhnten Gaumen zu huldigen. Es ist notwendig, sich an Bescheidenes zu gewöhnen. Viele Schwierigkeiten örtlicher und zeitlicher Art werden sich auch dem Reichen und Wohlhabenden als Hemmnisse ihrer Lustbegier entgegenstellen. Niemand kann alles haben, was er will; wohl aber kann er nicht wollen, was er nicht hat, und heiteren Sinnes genießen, was ihm beschert wird. Für unsere innere Freiheit kommt sehr viel darauf an, ob wir unseren Magen in guter Zucht haben, und ob er widerstandsfähig ist auch gegen starke Zumutungen. Ich kann das Vergnügen gar nicht hoch genug anschlagen, das es mir macht, meine Müdigkeit sich an sich selbst gewöhnen zu sehen: Ich verlange keine Sklaven zum Salben, kein Bad, kein anderes Mittel als das der Zeit. Denn was die Anstrengung uns auferlegt hat, das macht die Ruhe wieder gut. Diese eine auch noch so erbärmliche Mahlzeit wird erfreulicher sein als ein Antrittsschmaus. Denn ich habe meine Seelenstärke einer völlig unvermuteten Probe unterworfen. Eine solche nämlich ist einfacher und wahrer. Denn wenn die Seele sich vorbereitet und sich die Ausdauer ausdrücklich zum Gesetze gemacht hat, so gibt sich nicht mit gleicher Sicherheit das Maß ihrer wahren Festigkeit kund. Die sichersten Beweise sind die aus dem Stegreif, wenn sie nicht nur gelassen, sondern mit freundlicher Miene das Beschwerliche an sich herantreten läßt, wenn sie sich nicht ereifert, nicht hadert; wenn sie das, was man ihr hätte geben müssen, sich selbst ersetzt durch Nichtvermissen und sich mit dem Gedanken beruhigt, daß nur ihrer Gewohnheit, nicht aber ihr selbst etwas fehle. Wie überflüssig uns vieles sei, lernen wir erst dann einsehen, wenn es uns zu fehlen beginnt. Denn wir brauchtes es nicht, weil wir mußten, sondern weil wir es hatten. Wie vieles aber schaffen wir uns an, bloß weil andere es sich angeschafft, weil es in dem Besitz der meisten sich findet! Eine der Ursachen unseres Ungemachs ist die, daß wir uns in unserer Lebensweise nach dem Beispiel anderer richten und uns nicht durch die Vernunft leiten lassen, sondern der Gewohnheit als Führerin folgen. Wären es nur wenige, die dies täten, dann würden wir nicht geneigt sein, es ihnen nachzumachen; aber wenn die Mehrzahl sich dazu bereitfindet, als wäre es anständiger, weil es überwiegend geschieht, so schließen auch wir uns an. So gelangt an Stelle des gesunden Urteils der Irrtum zur Herrschaft, sobald er sich der öffentlichen Meinung bemächtigt hat. Niemand unternimmt jetzt eine Reise ohne einen Vortrab von numidischen Reitern und ohne einen Trupp von Vorläufern: Man schämt sich, wenn man keine Leute hat, welche die Begegnenden aus dem Wege treiben oder die durch den emporwirbelnden Staub das Nahen eines vornehmen Herrn ankündigen. Allgemein führt man jetzt Maultiere mit sich, die kristallene und myrrhene und von der Hand großer Künstler gefertigte Gefäße tragen: Man schämt sich, wenn es so aussieht, als habe man lauter Gepäck, das ohne Gefahr gerüttelt werden könne. Ihre Lieblingsknaben sitzen jetzt durchweg mit verdecktem Gesichte im Wagen, damit die Sonne oder die Kälte ihrer zarten Haut nicht schade: man schämt sich, wenn die Knaben im Gefolge nicht sämtlich eines künstlichen Mittels bedürfen zum Schutze ihres Gesichtes. Man hüte sich vor der Unterhaltung mit all diesen Leuten: Sie sind es, die diese Laster verbreiten und von einem auf den anderen übertragen. Die verruchteste Sorte von Menschen scheinen diejenigen zu sein, die mit dem Herumtragen von Worten sich zu schaffen machen: Es gibt auch Leute, die sich mit Verbreiten von Lastern befassen. Die Unterhaltung mit ihnen wirkt sehr schädlich; denn wenn sich die Folgen auch nicht sofort zeigen, so haftet der Same doch in der Seele, und auch wenn wir uns von jenen Leuten entfernt haben, folgt uns das Unheil, um später sich wieder zur Geltung zu bringen. Wie Leute, die ein Konzert gehört haben, die rhythmische Bewegung und den bestrickenden Zauber der Sangesweisen, der das Nachdenken hemmt und nicht zu ernstlicher Tätigkeit kommen läßt, noch in den Ohren mit sich herumtragen, so haftet auch die Rede der Schmeichler und Lobredner des Verkehrten noch lange in uns, nachdem die Rede verklungen ist. Und es fällt der Seele nicht leicht, sich des Schmeicheltones zu erwehren: Er begleitet uns und dauert fort und kehrt von Zeit zu Zeit wieder. Daher gilt es, unsere Ohren vor den bösen Reden zu verschließen, und zwar gleich vor den ersten. Haben sie sich einmal Eingang verschafft und Einlaß gefunden, dann erlauben sie sich alsbald weit mehr. So versteigen sie sich zu Behauptungen wie den folgenden: »Tugend, Philosophie, Gerechtigkeit, das ist alles nichts als leerer Wortschwall. Das einzige Glück ist es, sich das Leben angenehm zu machen. Essen, Trinken, Genuß des Erbgutes, das heißt leben, das heißt sich erinnern, daß man sterblich sei. Die Tage fließen dahin, und unwiederbringlich verrinnt das Leben. Gibt's da einen Zweifel? Was hilft es, weise zu sein und dem Alter, das nicht immer genußfähig bleibt, schon jetzt, da es noch genußfähig und nach Lust verlangend ist, Entsagung aufzuerlegen? Wohlan! Eile dem Tode voraus, und laß dir alles, was er dir rauben wird, gleich jetzt zugute kommen! Du hast keine Geliebte, keinen Knaben, der die Geliebte eifersüchtig machen kann. Tag für Tag gehst du nüchtern aus; mit der Mahlzeit hältst du es so knapp, als müßtest du deinem Vater dein Rechnungsbuch vorlegen. Das heißt nicht leben, sondern Zuschauer fremden Lebens sein. Welche Torheit ist es, den Erben in die Hände zu arbeiten und sich selbst alles zu versagen, nur um dir aus einem Freunde einen Feind zu machen um der Erbschaft willen. Denn der Erbe wird sich um so mehr über deinen Tod freuen, je mehr er bekommt. Diese finsteren und dünkelhaften Gesellen, diese Richter über fremdes Leben und Feinde ihres eigenen, diese Schulmeister des Publikums laß dir völlig gleichgiltig sein und gib unbedenklich einem Wohlleben den Vorzug vor einem säuberlichen Ruf.« Solche Stimmen sind ebenso zu fliehen wie diejenigen, an denen Ulixes nicht anders als festgebunden vorüberfahren wollte. Sie haben dieselbe Wirkung: Sie locken uns von der Heimat, von Eltern, Freunden weg und trüben unser Leben, mancherlei Hoffnung uns vorgaukelnd, durch die traurigsten Wirrnisse. Wieviel besser ist es, den rechten Weg zu verfolgen und es mit sich dahin zu bringen, daß einem nur das angenehm ist, was sittlich gut ist. Dies Ziel können wir erreichen, wenn wir uns klar machen, daß es zwei Arten von Dingen gibt: solche, die uns einladen, und solche, die uns von sich scheuchen. Einladend wirken Reichtum, Belustigungen, Schönheit, Ehrgeiz, und was sonst noch uns umschmeichelt und anlächelt, verscheuchend wirken Anstrengung, Tod, Schmerz, Schande und knappes Auskommen fürs Leben. Es bedarf also ernsthafter Übung, um das eine nicht zu fürchten, das andere nicht zu begehren. Wir müssen eine zwiefache Kampfesweise einhalten, deren eine das Gegenteil der anderen ist: Vor dem Einladenden müssen wir zurückweichen, gegen das uns Bedrängende zum Widerstand uns aufraffen. Siehst du nicht, wie verschieden die Haltung derer ist, die herabsteigen, und derer, die hinaufsteigen? Wer bergab geht, beugt den Körper rückwärts, wer bergauf geht, nach vorn. Denn beim Absteigen sein ganzes Gewicht nach vorn zu legen, beim Aufsteigen dagegen nach rückwärts, heißt sich zum Genossen des Verkehrten machen. Bei Sinnesgenüssen geht es abwärts, bei Bewältigung des Widrigen und Harten aufwärts: hier müssen wir den Sporn, dort den Zügel brauchen.

Glaubst du nun, ich meine es so, daß nur diejenigen unseren Ohren verderblich sind, welche die Lust loben und vor dem Schmerz uns bange machen als vor Dingen, die ihrem Wesen nach furchtbar seien? Nein, auch jene, glaube ich, schaden uns, welche uns unter dem Scheine der stoischen Lehre zu den Lastern ermuntern. Denn sie kommen uns mit Behauptungen, denen zufolge nur der Weise auch ein zuständiger Liebhaber sei: »Er besitzt allein das Wissen für diese Kunst, er ist in gleicher Weise auch der Kundigste im geselligen Trinken und Schmausen. Laßt uns denn untersuchen, bis zu welchem Alter man die Jünglinge lieben dürfe.« Das bleibe der griechischen Sitte überlassen. Wir wollen vielmehr unsere Beachtung folgenden Reden schenken: »Niemand ist durch Zufall gut. Die Tugend muß erlernt werden. Die Lust ist eine niedrige und kleinliche Sache, völlig wertlos, ein Gemeingut, das wir mit den unvernünftigen Tieren teilen, und dem auch die winzigsten und verachtetsten Geschöpfe zufliegen. Der Ruhm ist etwas Eitles und Flüchtiges und beweglicher als die Luft. Die Armut ist für niemanden ein

Übel außer für den, der ihr widerstrebt. Der Tod ist kein Unglück. Du fragst, was er sei? Er allein ist das gleiche Recht für das menschliche Geschlecht. Der Aberglaube ist der Irrtum eines Kindes: Er fürchtet die, die man lieben muß, er beleidigt die, welche er verehrt. Denn was wäre es für ein Unterschied, ob du die Götter leugnest oder in Verruf bringst?« Diese Sätze muß man lernen, ja auswendig lernen. Die Philosophie darf dem Laster keine Entschuldigungen zur Verfügung stellen. Keine Hoffnung auf Genesung hat der Kranke, den der Arzt zur Unmäßigkeit ermahnt.

Mascha Kaléko

Chanson für Drehorgel

Gäb uns der Herr Genies statt der Talente!
Zwei Drittel Weisheit und ein Drittel List.
Wär man daheim in jedem Kontinente
Statt überall ein stotternder Tourist.
Wenn uns der Himmel etwas mehr Zeit gönnte
Als die uns zugeteilte Galgenfrist ...

  Ich träume oft vom Leben, wie's sein könnte,
  Wenn's nicht so wäre, wie es nun mal ist.

Bedächt uns wer in seinem Testamente,
Ein Kunst-Mäzen. Ein edler Utopist.
Hätt man statt Schulden eine fette Rente,
Man würde hauptberuflich Optimist
Und übte sich im »Dolce far niente«,
Weil man es sonst am Ende noch vergißt ...

Ich träume oft vom Leben, wie's sein könnte,
Wenn's nicht so wäre, wie es nun mal ist.

Gäb uns der Herr die wahren Parlamente!
Wär jeder Mann bloß Mensch und Zivilist.
Und wär die Freiheit keine Zeitungsente,
Der Freund ein Freund und kein Opportunist.
Wenn uns doch endlich keine Mauer trennte,
Dem faulen Zahn der Zeit fehlt ein Dentist ...

Ich denke oft ans Leben, wie's sein könnte,
Wenn's nicht so wäre, wie es leider ist.

Erich Fromm

Der Wille zu geben, zu teilen und zu opfern

Kehren wir zu unserer Hauptthese zurück: Das Sein bezieht
sich auf das wirkliche im Gegensatz zum verfälschenden, illu-
sionären Bild. In diesem Sinn bedeutet jeder Versuch, den
Bereich des Seins auszuweiten, vermehrte Einsicht in die Realität des eigenen Selbst, der anderen und unserer Umwelt. Die
ethischen Hauptziele der jüdischen und der christlichen Religion – die Überwindung der Gier und des Hasses – können
nicht erreicht werden, ohne ein weiteres Moment heranzu-
ziehen, das für den Buddhismus von zentraler Bedeutung ist,
obwohl es auch im Judentum und im Christentum eine Rolle
spielt: Zum Sein gelangt man, wenn man durch die Oberfläche
dringt und die Wirklichkeit erfaßt.

In der modernen Gesellschaft wird davon ausgegangen, daß
die Existenzweise des Habens in der menschlichen Natur ver-

wurzelt und daher praktisch unveränderbar sei. Die gleiche Idee liegt dem Dogma zugrunde, der Mensch sei von Natur aus faul und passiv und würde weder arbeiten noch sonst etwas tun, wenn ihn nicht materielle Anreize dazu verlockten bzw. Hunger oder die Angst vor Strafe ihn dazu antrieben. Dieses Dogma wird allgemein akzeptiert, und es bestimmt unsere Erziehungs- und unsere Arbeitsmethoden. Aber es ist wenig mehr als ein Ausdruck des Wunsches, den Wert unserer gesellschaftlichen Arrangements zu beweisen, indem man ihnen bescheinigt, daß sie den Bedürfnissen der menschlichen Natur entsprechen. Den Angehörigen vieler verschiedener Kulturen der Vergangenheit und der Gegenwart würde die Theorie von der angeborenen menschlichen Selbstsucht und Faulheit ebenso phantastisch erscheinen wie deren Gegenteil uns.

Die Wahrheit ist, daß sowohl die Existenzweise des Habens wie die des Seins Möglichkeiten innerhalb der menschlichen Natur sind, daß unser biologischer Selbsterhaltungstrieb die Existenzweise des Habens zwar verstärkt, daß aber Egoismus und Faulheit nicht die einzigen dem Menschen inhärenten Neigungen sind.

Wir Menschen haben ein angeborenes, tief verwurzeltes Verlangen zu *sein:* unseren Fähigkeiten Ausdruck zu geben, tätig zu sein, auf andere bezogen zu sein, dem Kerker der Selbstsucht zu entfliehen. Für die Wahrheit dieser Behauptung gibt es so viele Beweise, daß man leicht ein ganzes Buch damit füllen könnte. D. O. Hebb hat den Kern dieses Problems auf seinen allgemeinsten Nenner gebracht, als er formulierte, *das einzige Verhaltensproblem sei die Erklärung von Inaktivität, nicht von Aktivität.* Zum Beweis dieser These möchte ich sechs Punkte anführen:

1. Die Beobachtung tierischen Verhaltens. Experimente und direkte Beobachtungen zeigen, daß viele Tierarten schwierige Aufgaben gerne unternehmen, selbst wenn keine materiellen Belohnungen angeboten werden.

2. Neurophysiologische Experimente, welche die den Nervenzellen inhärente Aktivität nachweisen.

3. Das frühkindliche Verhalten. Neuere Untersuchungen zeigen die Fähigkeit und das Bedürfnis kleiner Kinder, aktiv auf komplexe Reize zu reagieren – Befunde, die in Widerspruch zu Freuds Annahme stehen, das Kleinkind erlebe äußere Reize als Bedrohung und mobilisiere seine Aggressivität, um diese abzuwehren.

4. Das Lernverhalten. Viele Untersuchungen zeigen, daß Kinder und Jugendliche »faul« sind, weil der Lernstoff auf so trockene und unlebendige Weise an sie herangetragen wird, daß sie kein echtes Interesse dafür aufbringen können; sobald der Druck und die Langeweile wegfallen und das Material auf anregende Weise dargeboten wird, entfalten die gleichen Gruppen erstaunlich viel Aktivität und Initiative.

5. Das Arbeitsverhalten. E. Mayo hat mit seinem klassischen Experiment bewiesen, daß selbst Arbeit, die an sich langweilig ist, interessant wird, wenn die Mitarbeiter wissen, daß sie an einem Experiment teilnehmen, das ein lebensfroher und begabter Mensch durchführt, der ihre Neugier und innere Beteiligung zu erwecken versteht. Das gleiche zeigt sich in einer Reihe von Fabriken in Europa und in den Vereinigten Staaten. Das Stereotyp der Unternehmensleitungen über die Arbeiter lautet: Arbeiter sind an aktiver Mitwirkung gar nicht interessiert, das einzige, was sie wollen, sind höhere Löhne, daher könnte Gewinnbeteiligung ein geeigneter Ansporn zur Hebung der Arbeitsproduktivität sein, aber nicht Mitbestimmung. Die Unternehmensführungen haben zwar in bezug auf die von ihnen angebotenen Arbeitsbedingungen recht; die Erfahrung hat jedoch bewiesen – und nicht wenige Werkleitungen davon überzeugt –, daß sich viele der vorher desinteressierten Arbeiter in erstaunlichem Maß verändern und erfinderisch, aktiv, einfallsreich und letztlich zufriedener werden, sobald sie Gelegenheit haben, an ihrem Arbeitsplatz Initiative zu entfalten, Verant-

wortung zu übernehmen und Wissen über den gesamten Arbeitsprozeß und ihre Rolle in ihm zu erwerben.

6. Die Fülle von Daten, die der gesellschaftliche und politische Alltag bietet. Die Annahme, daß die Menschen nicht zu Opfern bereit seien, ist offenkundig falsch. Als Churchill zu Beginn des Zweiten Weltkriegs von den Engländern »Blut, Schweiß und Tränen« forderte, hat er sie damit nicht abgeschreckt, sondern im Gegenteil an ihr tief eingewurzeltes menschliches Verlangen appelliert, Opfer zu bringen und der Gemeinschaft etwas zu geben. Die Reaktion der Briten – und auch der Deutschen und der Russen – auf die wahllosen Bombardements der Städte während des Krieges zeigt, daß die Bevölkerung durch gemeinsame Leiden nicht mutlos wurde; diese Leiden stärkten im Gegenteil die Entschlossenheit der Angegriffenen zum Widerstand und widerlegten jene, die glaubten, die Kampfbereitschaft des Feindes könne durch Terrorangriffe gebrochen und der Krieg dadurch rascher beendet werden.

Es ist jedoch ein trauriger Kommentar zu unserer Zivilisation, daß Krieg und Leiden eher imstande sind, die menschliche Opferbereitschaft zu mobilisieren, als ein friedliches Leben und daß in Friedenszeiten vor allem die Selbstsucht zu gedeihen scheint. Zum Glück gibt es aber auch im Frieden Situationen, in denen sich die menschliche Fähigkeit zu Selbstlosigkeit und Solidarität im individuellen Verhalten ausdrückt. Die Streikbewegung der Arbeiter, speziell vor dem Ersten Weltkrieg, ist ein Beispiel für solches im wesentlichen gewaltfreies Verhalten. Die Arbeiter forderten höhere Löhne, aber gleichzeitig kämpften sie für ihre eigene Würde und die Befriedigung im Erlebnis menschlicher Solidarität und waren bereit, Not und Mühsal zu riskieren und zu erleiden. Der Streik war sowohl ein »religiöses« wie ein ökonomisches Phänomen. Solche Streiks kommen auch in unserer Zeit noch vor, hauptsächlich wird heute aber aus rein wirtschaftlichen Gründen gestreikt, obwohl Streiks für bessere Arbeitsbedingungen in letzter Zeit etwas zunehmen.

Das Bedürfnis, zu geben und zu teilen, und die Bereitschaft, für andere Opfer zu bringen, sind unter den Angehörigen bestimmter sozialer Berufe, wie Krankenschwestern, Ärzten, Mönchen und Nonnen, immer noch zu finden. Zwar leisten viele, wenn nicht die meisten Vertreter dieser Berufe dem Ethos des Helfens und Opferns nur Lippendienste; dennoch steht der Charakter einer nicht unbeträchtlichen Zahl in Einklang mit den Werten, zu denen sie sich bekennen. Viele religiöse bzw. sozialistisch oder humanistisch orientierte Gemeinschaften, die im Laufe der Jahrhunderte entstanden, haben die gleichen Bedürfnisse bekräftigt und zum Ausdruck gebracht. Der Wunsch zu geben motiviert alle jene, die ohne Vergütung ihr Blut spenden; ähnlich selbstlos ist das Verhalten von Menschen, die ihr Leben riskieren, um das Leben anderer zu retten. Die Bereitschaft zu schenken manifestiert sich in jedem, der wirklich liebt. »Falsche Liebe«, das heißt Egoismus zu zweit, macht die Menschen noch selbstsüchtiger (und das ist oft genug der Fall). Wahre Liebe vermehrt die Fähigkeit, zu lieben und anderen etwas zu geben. In der Liebe zu einem bestimmten Menschen liebt der wahre Liebende die ganze Welt. Es gibt nicht wenige Menschen, hauptsächlich jüngere, die den Luxus und die Selbstsucht nicht ertragen können, die sie in ihren wohlhabenden Familien umgeben. Ganz im Gegensatz zu den Erwartungen ihrer Eltern, die meinen, daß ihre Kinder »alles haben, was sie sich wünschen«, rebellieren diese gegen ihr totes und isoliertes Leben. Denn in Wirklichkeit haben sie »nicht alles, was sie sich wünschen«, und sehnen sich nach dem, was sie nicht haben.

Bemerkenswerte Beispiele solchen Verhaltens lieferten in der Vergangenheit die Söhne und Töchter der Oberschicht des Römischen Reiches, die sich der Religion der Armut und Liebe verschrieben; ein anderes ist der Buddha, der als Prinz aufwuchs und dem jedes Vergnügen und jeder Luxus zur Verfügung standen, die er sich nur wünschen konnte, der aber entdeckte, daß Haben und Konsumieren unglücklich und leiden machen. Ein Beispiel aus der neueren Geschichte (2. Hälfte des 19. Jahrhunderts) sind die Söhne und Töchter der russischen Oberklasse, die Narodniki. Außerstande, das Leben des Müßiggangs und der Ungerechtigkeit zu ertragen, in das sie hineingeboren wurden, verließen diese jungen Menschen ihre Familien und schlossen sich den armen Bauern an, lebten mit ihnen und bereiteten auf diese Weise den Boden für den revolutionären Kampf in Rußland.

Ein ähnliches Phänomen ist unter den Söhnen und Töchtern der begüterten Schicht in den Vereinigten Staaten und der Bundesrepublik zu beobachten, denen das Leben in ihrer luxuriösen Wohlhabenheit langweilig und sinnlos erscheint. Vor allem aber finden sie die Gleichgültigkeit der Welt gegenüber den Armen ebenso unerträglich wie das allmähliche Zutreiben auf den atomaren Krieg aus egoistischen Motiven. Deshalb lösen sie sich aus ihrer häuslichen Umgebung und suchen nach einem neuen Lebensstil – ohne befriedigendes Resultat, denn konstruktive Bemühungen scheinen keine Chance zu haben. Viele von ihnen zählten ursprünglich zu den sehr Sensiblen und Idealistischen ihrer Generation, da es ihnen aber an Tradition, Reife, Erfahrung und politischer Einsicht fehlt, sind viele inzwischen verzweifelt, überschätzen in narzißtischer Verblendung ihre eigenen Fähigkeiten und Möglichkeiten und versuchen mit Hilfe von Gewalt das Unmögliche zu erreichen. Sie haben sich zu sogenannten revolutionären Gruppen zusammengeschlossen und möchten die Welt durch Akte des Terrors und der Zerstörung retten, ohne einzusehen, daß sie lediglich die allgemeine Tendenz zu Gewalt und Inhumanität verstärken. Sie haben ihre Liebesfähigkeit verloren und sie durch den Wunsch ersetzt, ihr Leben zu opfern. Selbstaufopferung erscheint häufig Menschen als Lösung, die ein leidenschaftliches Verlangen haben, zu lieben, denen aber die Fähigkeit zu lieben fehlt oder verlorengegangen ist und die die Opferung ihres eigenen Lebens als den höchsten Ausdruck ihrer Liebesfähigkeit erfahren. Aber diese zur Selbstaufopferung entschlossenen jungen Menschen unterscheiden sich sehr wesentlich von den *liebenden Märtyrern,* die leben wollen, weil sie das Leben lieben, und die den Tod nur akzeptieren, um sich nicht selbst zu verraten. Unsere zur Zerstörung und Selbstaufopferung bereiten jungen Frauen und Männer sind Angeklagte, aber sie sind auch Ankläger, da sie Beispiele dafür sind, daß in unserer Gesellschaftsordnung manche unserer besten jungen Menschen so in Isolation und Hoffnungslosigkeit geraten, daß kein anderer Weg aus ihrer Verzweiflung herausführt als Fanatismus und Zerstörung.

Das menschliche Verlangen, ein Gefühl des Einsseins mit anderen zu erleben, wurzelt in den Existenzbedingungen der Spezies Mensch und stellt eine der stärksten Antriebskräfte des menschlichen Verhaltens dar. Durch die Kombination von minimaler instinktiver Determinierung und maximaler Entwicklung der geistigen Fähigkeiten haben wir Menschen unsere ursprüngliche Einheit mit der Natur verloren. Um uns nicht vollkommen isoliert zu fühlen und damit dem Wahnsinn preisgegeben zu sein, müssen wir eine neue Einheit – mit unseren Mitmenschen und mit der Natur – entwickeln. Dieses menschliche Bedürfnis nach dem Einswerden mit anderen wird auf vielfache Weise erlebt: in der symbiotischen Bindung an die Mutter, an ein Idol, an den Stamm, die Nation, die (eigene) Klasse, die Religion, eine Studentenverbindung, die Berufsorganisation. Diese Bindungen überschneiden sich natürlich vielfach und nehmen gelegentlich ekstatische Formen an, wie bei den Mitgliedern religiöser Sekten, einem Lynchmob oder den Exzessen nationaler Hysterie im Krieg. Beim Ausbruch des Ersten Weltkrieges kam es zu einem der dramatischsten Fälle eines irrationalen Ausbruchs des Verlangens nach Einssein. Über Nacht gaben Menschen lebenslange Überzeugungen wie Pazifismus, Antimilitarismus oder Sozialismus auf; Wissenschaftler warfen ihre jahrzehntelange Schulung in Objektivität, kritischem Denken und Unparteilichkeit über Bord, um an diesem großen *Wir*-Gefühl teilzuhaben.

Das Verlangen, mit anderen eins zu sein, manifestiert sich sowohl in den niedrigsten Verhaltensweisen, in Akten des Sadismus und der Zerstörung, als auch in den höchsten: in Solidarität aufgrund eines Ideals oder einer Überzeugung. Es ist auch die Hauptantriebsfeder des Bedürfnisses, sich anzupassen: Die Angst, zum Außenseiter zu werden, ist noch größer als die Angst vor dem Tode. Entscheidend für jede Gesellschaft ist die *Art* von Einheitserlebnis und von Solidarität, die sie fördert bzw. unter den gegebenen Bedingungen ihrer sozio-ökonomischen Struktur fördern *kann*.

Diese Überlegungen lassen den Schluß zu, daß beide Tendenzen im Menschen vorhanden sind: die eine, zu *haben*, zu besitzen, eine Kraft, die letztlich ihre Stärke dem biologisch gegebenen Wunsch nach Überleben verdankt; die andere, zu *sein*, die Bereitschaft, zu teilen, zu geben und zu opfern, die ihre Stärke den spezifischen Bedingungen der menschlichen Existenz verdankt, speziell in dem eingeborenen Bedürfnis, durch Einssein mit anderen die eigene Isolierung zu überwinden. Aus der Existenz dieser beiden gegensätzlichen Anlagen in jedem Menschen ergibt sich, daß die Gesellschaftsstruktur und deren Werte und Normen darüber entscheiden, welche von beiden Möglichkeiten dominant wird. Gesellschaften, die das Besitzstreben und damit die Existenzweise des Habens begünstigen, wurzeln in dem einen menschlichen Potential; Gesellschaften, die das Sein und Teilen fördern, wurzeln in dem anderen. Wir müssen uns entscheiden, welches dieser beiden Potentiale wir kultivieren wollen, uns dabei aber bewußt sein, daß unsere Entscheidung weitgehend von der sozio-ökonomischen Struktur der jeweiligen Gesellschaft abhängt, die uns die eine oder die andere Lösung bevorzugen läßt.

Aufgrund meiner Beobachtungen von Gruppenverhalten neige ich zu der Annahme, daß die beiden Extreme, die den tiefverwurzelten und kaum noch änderbaren Haben- oder Seinstypus repräsentieren, eine kleine Minderheit bilden und daß in der überwältigenden Mehrheit aller Menschen beide Möglichkeiten real vorhanden sind; welche dominiert und welche verdrängt wird, hängt von Umweltfaktoren ab.

Diese meine Annahme widerspricht dem verbreiteten psychoanalytischen Dogma, daß die Umwelt zwar im Säuglingsalter und in der frühen Kindheit entscheidenden Einfluß auf die Persönlichkeitsentwicklung habe, daß jedoch nach dieser Periode der Charakter fixiert und durch äußere Einwirkung kaum veränderbar sei. Dieses psychoanalytische Dogma konnte so populär werden, weil die Grundbedingungen der Kindheit bei den meisten Menschen auch in den späteren Lebensjahren fortbestehen, da sich ihre gesellschaftliche Situation ja im allgemeinen nicht verändert. Es gibt jedoch zahlreiche Fälle, in denen ein drastischer Wechsel der Umwelt tiefgreifende Veränderungen des Verhaltens bewirkt; das bedeutet: Wenn die negativen Anlagen nicht mehr gefördert werden, wachsen und gedeihen die positiven Kräfte.

Fassen wir zusammen: Die Häufigkeit und Intensität des Wunsches, zu geben, zu teilen und zu opfern, ist nicht überraschend, wenn wir uns die Existenzbedingungen der Spezies Mensch vor Augen halten. Überraschend ist vielmehr, daß dieses menschliche Bedürfnis so stark verdrängt werden konnte, daß Akte der Selbstsucht in der Industriegesellschaft (und in vielen anderen Gesellschaften) schließlich zur Regel und Akte der Solidarität zur Ausnahme wurden. Aber paradoxerweise läßt sich gerade dieses Phänomen auf das Bedürfnis nach Einssein zurückführen. Eine Gesellschaft, die auf den Prinzipien Erwerb – Profit – Eigentum basiert, bringt einen am Haben orientierten Gesellschafts-Charakter hervor, und sobald das vorherrschende Verhaltensmuster etabliert ist, will niemand ein

Außenseiter oder gar ein Ausgestoßener sein. Um diesem Risiko zu entgehen, paßt sich jeder der Mehrheit an, die durch nichts anderes miteinander verbunden ist als durch ihren gegenseitigen Antagonismus.

Aufgrund der Dominanz der Selbstsucht meinen die Machthaber unserer Gesellschaft, man könne die Menschen nur durch materielle Vorteile, das heißt durch Belohnungen, motivieren, und Appelle an die Solidarität und Opferbereitschaft würden kein Gehör finden. Deshalb erfolgen solche Aufrufe außer in Kriegszeiten selten, und man läßt sich die Chance entgehen, sich durch die möglichen Ergebnisse eines Besseren belehren zu lassen.

Nur eine von Grund auf veränderte sozio-ökonomische Struktur und ein völlig anderes Bild der menschlichen Natur können zeigen, daß Bestechung nicht die einzige (oder die beste) Möglichkeit ist, um Menschen zu beeinflussen.

Dschuang Dsi

Leben lassen, gewähren lassen

Ruhe für die Welt

Ich weiß davon, daß man die Welt leben und gewähren lassen soll. Ich weiß nichts davon, daß man die Welt ordnen soll. Sie leben lassen, das heißt, besorgt sein, daß die Welt nicht ihre Natur verdreht; sie gewähren lassen, das heißt, besorgt sein, daß die Welt nicht abweicht von ihrem wahren LEBEN. Wenn die Welt ihre Natur nicht verdreht und nicht abweicht von ihrem wahren LEBEN, so ist damit die Ordnung der Welt schon erreicht. Der heilige Herrscher Yau suchte die Welt zu ordnen, indem er sie fröhlich machte; aber wenn die Menschen mit Lust ihrer Natur bewußt werden, geht die Ruhe verloren. Der Tyrann Gië suchte die Welt zu ordnen, indem er sie traurig machte; aber wenn die Menschen unter ihrer Natur zu leiden haben, so geht die Zufriedenheit verloren. Verlust der Ruhe und Zufriedenheit ist nicht das wahre LEBEN. Daß ohne das wahre LEBEN dauernde Zustände geschaffen werden, ist unmöglich. Wenn die Menschen zu viel Freude haben, so wird die Kraft des Lichten zu sehr gefördert; wenn die Menschen zu sehr gereizt werden, so wird die Kraft des Trüben zu sehr gefördert. Eine Steigerung dieser Kräfte führt dazu, daß die vier Jahreszeiten ihren rechten Lauf nicht haben, daß Kälte und Hitze nicht ihren Ausgleich finden. Dadurch wiederum wird der Menschen Leiblichkeit gestört, so daß der Menschen Lust und Groll ihre Grenzen überschreiten; sie werden unbeständig in ihrem Wesen und unbefriedigt in ihren Gedanken; sie lassen auf halbem Wege die Arbeit unvollendet liegen: Auf diese Weise entstehen in der Welt Hoffart, Mißgunst, ehrgeiziges Tun und Eifersucht. Und so kommt es zu den Taten der Bösewichter und Tugendhelden. Darum ist es unzulänglich, die Welt heben zu wollen durch Belohnung der Guten, und es ist unmöglich, die Welt zu heben durch Bestrafung der Bösen. Die Welt ist so groß, daß man ihr mit Lohn und Strafe nicht beikommen kann. Vom Anbeginn der Weltgeschichte gab es nur Aufregung. Immer gab man sich nur damit ab, zu belohnen und zu strafen. Da hatte man dann freilich keine Zeit mehr, sich ruhig abzufinden mit den Verhältnissen der Naturordnung.

Lust am Scharfblick führt zum Übermaß der Farbenpracht; Lust an Feinhörigkeit führt zum Übermaß der Töne; Lust an der Menschenliebe führt zur Verwirrung des wahren LEBENS; Lust an der Gerechtigkeit führt zur Beeinträchtigung der Vernunft; Lust an den Umgangsformen fördert trügerischen Schein; Lust an der Musik fördert die Zügellosigkeit; Lust an der Heiligkeit fördert allerhand Kunstgriffe; Lust an der Erkenntnis fördert die Tadelsucht. Wenn die Welt sich ruhig abfindet mit den Verhältnissen der Naturordnung, so mögen jene Dinge da sein oder fehlen, und es bringt keinen Schaden. Wenn aber die Welt sich nicht ruhig abfindet mit den Verhältnissen der Naturordnung, dann fängt man an, jene Dinge unmäßig zu fördern oder gewaltsam zu unterdrücken, und verwirrt die Welt dadurch, und die Welt beginnt sie zu ehren, sie zu lieben. Tief wahrlich ist die Verblendung der Welt; nicht nur geht sie an diesen Dingen nicht vorüber oder entfernt sie, nein, sie fastet und kasteit sich, um von diesen Dingen zu reden; sie paukt und singt, um sie zu üben. Was läßt sich da machen?

Darum, wenn ein großer Mann gezwungen ist, sich mit der Regierung der Welt abzugeben, so ist am besten das Nicht-Handeln. Durch Nicht-Handeln kommt man zum ruhigen Abfinden mit den Verhältnissen der Naturordnung. Darum, wem sein (wahres) Ich wichtiger ist als die Herrschaft über die Welt, dem kann man die Welt übergeben. Wenn der Herrscher es fertigbringt, sein Inneres nicht zu zerteilen, seinen Scharfsinn nicht zu gebrauchen, dann weilt er wie ein Leichnam, und ungeheure Wirkungen zeigen sich; er ist in abgrundtiefes Schweigen gehüllt und erschüttert doch (die Welt); sein Geist bewegt sich, und die Natur folgt ihm; er läßt sich gehen und handelt nicht, und alle Wesen drängen sich um ihn zusammen. Wie sollte ein solcher noch Muße haben, die Welt zu ordnen!

Die Not der Zeit

Der Pedant fragte den Lau Dan: »Wenn man die Welt nicht in Ordnung bringt, wie kann man dann der Menschen Herzen verbessern?« Lau Dan sprach: »Hüte dich, der Menschen Herz zu stören! Wird das Menschenherz bedrückt, so wird es verzagt; wird es gefördert, so wird es trotzig. Ist es trotzig und verzagt, so wird es bald Sklave, bald Mörder; bald ist es überschwenglich, bald beschränkt; bald schmiegt es sich demütig vor dem Starken und Harten, bald ist es schneidend und scharf wie Messer und Meißel; bald ist es heiß wie dörrendes Feuer, bald ist es kalt wie starres Eis; es ist so flink, daß, während man auf- und niederblickt, es imstande ist, zweimal jenseits der Meere zu greifen. Verharrt es, so ist es still wie der Abgrund; bewegt es sich, so ist es himmelhoch aufgeregt. Stolz und hochmütig, daß niemand es binden kann, also ist der Menschen Herz.«

Der Herr der gelben Erde hat einst den Anfang gemacht, durch Güte und Gerechtigkeit das Menschenherz zu stören. Yau und Schum scheuerten sich die Haare von den Beinen vor lauter Anstrengung, den leiblichen Bedürfnissen der Menschen zu genügen. Sie betrübten sich in ihrem Innern, um Menschenliebe und Gerechtigkeit zu erzielen; sie mühten ihre Lebensgeister ab, um Gesetz und Maß abzuzirkeln, und dennoch haben sie es nicht fertiggebracht. Yau sah sich schließlich genötigt, den Huan Du auf den Gespensterberg zu verbannen, die drei Miau-Stämme nach den drei Klippen und den Gung Gung in die Stadt der Finsternis. So zeigte sich, daß er nicht imstande war, mit der Welt fertig zu werden.

Als dann das Zeitalter der historischen Dynastien herbeikam, da kam die Welt erst recht in Schrecken. Die Bösen waren Tyrannen und Räuber; die Guten waren Tugendmuster und Pedanten, und das Parteigezänk der Schulen erhob sich. So kam es, daß die Gefühle sich verwirrten, Toren und Weise einander betrogen, Gute und Böse einander verdammten, Prahler und Wahrheitshelden einander verlachten und die Welt in Verfall geriet. Im großen LEBEN herrschte keine Übereinstimmung mehr, und die Naturordnungen verbrannten und versanken. Die Welt liebte Weisheit, und das Volk wurde unersättlich in seinem Begehren. Das Henkersbeil und die Säge taten ihr Werk; nach der Richtschnur wurde getötet. Mit Hammer und Meißel ging man vor, und die Welt ward zerrissen und aufs äußerste verwirrt. An alledem trägt die Schuld, daß man das Menschenherz stört. So kam's dazu, daß heutzutage die Weisen sich verkriechen in die Höhlen der heiligen Berge, und daß die Fürsten zittern vor Angst in ihren Palästen. Die Leichen der zum Tode Gebrachten liegen in Haufen umher; die Gefesselten und Gebundenen drängen sich (auf den Straßen), und wenn einer zur Prügelstrafe verurteilt ist, muß er erst zusehen und warten, bis er drankommt. Und die Wanderprediger stehen auf den Zehen und fuchteln mit den Armen mitten drin unter der Menge in Fesseln und Banden. Wehe über ihre grenzenlose Unverschämtheit! Ach, daß wir noch nicht erkannt haben, daß all die Heiligkeit und Weisheit diese Fesseln verursacht und all die Menschenliebe und Gerechtigkeit diese Bande bewirkt hat! Wie kann man wissen, ob nicht jene Tugendhelden nur die scharfen Pfeile der Tyrannen und Räuber sind? Darum heißt's: Gebt auf die Heiligkeit, werft weg die Erkenntnis, und die Welt kommt in Ordnung!

Der Herr der gelben Erde und die Gottheit

Der Herr der gelben Erde saß auf dem Throne neunzehn Jahre lang, und seine Gebote herrschten auf Erden. Da vernahm er, daß der umfassend Vollendete auf dem Berg der Leere und Einheit wohne. So ging er hin, um ihn zu sehen, und sprach: »Ich höre, daß Ihr, Meister, des höchsten SINNS kundig seid. Darf ich fragen nach des höchsten SINNS reinster Kraft? Ich möchte die reinste Kraft von Himmel und Erde sammeln, um dem Korn Gedeihen zu geben, um die Menschen zu nähren. Ich möchte das Trübe und das Lichte beherrschen, damit alle Lebewesen ihrer Art zu folgen imstande seien. Wie kann man das machen?«

Der umfassend Vollendete sprach: »Was du zu fragen begehrst, ist nur der Stoff der Natur; was du zu beherrschen begehrst, ist nur die Hefe der Natur. Seit du die Welt regierst, regnet es, ehe die Wolken sich gesammelt, und die Blätter von Gras und Baum fallen ab, ehe sie gelb werden; der Schein von Sonne und Mond ist übermäßig und sengend, und dabei zeigst du die redselige Art eines Schwätzers. Du bist nicht wert, vom höchsten SINN zu hören.«

Der Herr der gelben Erde zog sich zurück. Er gab das Weltreich auf und baute sich eine Klause, und trockenes Heu diente ihm zum Lager. Drei Monate lang weilte er in Abgeschiedenheit, dann ging er wieder hin, um jenen aufzusuchen. Der umfassend Vollendete lag rücksichtslos ausgestreckt da. Der Herr der gelben Erde nahte ihm in der Art eines Dieners auf den Knien und neigte zweimal das Haupt bis zur Erde. Dann fragte er und sprach: »Ich höre, daß Ihr, Meister, höchsten SINNS kundig seid. Darf ich fragen, wie man sein Ich in Ordnung bringt, also daß es ewige Dauer erlangt?«

Da änderten sich die Mienen des umfassend Vollendeten; er erhob sich und sprach: »Gut wahrlich ist deine Frage. Komm, ich will mit dir vom höchsten SINNE reden:

> Höchsten SINNES Samenkraft
> Dunkel im Geheimen schafft,
> Höchsten SINNS Vollkommenheit:
> Dämmernde Verschwiegenheit,
> Ungehört und los vom Schein,
> Hüllt den Geist in Stille ein.
> Und der Leib folgt dem Verein,
> Wird von selber still und rein.
> Mit dem Leibe kämpfe nicht,
> Deinen Samen rege nicht:
> Also schaust du der Ewigkeit Licht.

Was kein Auge sieht und kein Ohr hört und keines Menschen Herz vernimmt: Dein Geist wird deinen Leib bewahren, also daß dein Leib ewig lebt. Hüte dein Inneres, schließe dein Äußeres! Viele Erkenntnis führt zum Verfall. Dann will ich mit dir hinaufsteigen zu den Höhen der großen Klarheit. Sind wir dort, so sind wir an der Quelle der treibenden Kraft des Lichten. Ich will mit dir eindringen in das dunkle geheimnisvolle Tor. Sind wir dort, so sind wir an der Quelle der hemmenden Kraft des Trüben. Himmel und Erde haben beherrschende Kräfte; das Trübe und das Lichte haben einen bergenden Ort. Hüte sorgsam dein Selbst, so wird das äußere Wesen von selber stark. Ich wahre jene Einheitskraft, ich verweile in jenen Harmonien; so bilde ich mein Selbst nun schon seit zwölfhundert Jahren, und mein Leib ist nicht zerfallen.« Der Herr der gelben Erde neigte sich zweimal, berührte mit dem Haupt den Boden und sprach: »Möge der umfassend Vollendete (nun auch) von der Natur reden.«

Der umfassend Vollendete sprach: »Komm, ich will mit dir darüber reden! Sie ist in ihrer Wesenheit unerschöpflich, und die Menschen denken alle, sie sei fertig. Sie ist in ihrer Wesenheit unergründlich, und die Menschen denken alle, sie sei am Ziel. Wer meinen SINN erlangt, der ist aufsteigend ein Gott und absteigend ein Herrscher. Wer meinen SINN verliert, erblickt aufsteigend das Licht (der Welt), und absteigend wird er zu Erde. Alle Einzelwesen werden geboren aus Erde und kehren zurück zur Erde. Darum will ich dich jetzt verlassen und eingehen in das Tor der Ewigkeit, um zu wandeln auf den Gefilden der Unendlichkeit. Ich will meinen Schein vereinen mit Sonne und Mond, mit Himmel und Erde gemeinsam unsterblich sein. Während ich mich in die Weiten verliere, entschwinden die Menschen meinem Blick. Sie alle sterben: Ich allein bin.«

Friedrich Nietzsche

Die Freiheit vom Ressentiment

Die Freiheit vom Ressentiment, die Aufklärung über das Ressentiment – wer weiss, wie sehr ich zuletzt auch darin meiner
langen Krankheit zu Dank verpflichtet bin! Das Problem ist
nicht gerade einfach: man muss es aus der Kraft heraus und aus
der Schwäche heraus erlebt haben. Wenn irgend Etwas überhaupt gegen Kranksein, gegen Schwachsein geltend gemacht
werden muss, so ist es, dass in ihm der eigentliche Heilinstinkt,
das ist der *Wehr-* und *Waffen-Instinkt* im Menschen, mürbe
wird. Man weiss von Nichts loszukommen, man weiss mit
Nichts fertig zu werden, man weiss Nichts zurückzustossen, –
Alles verletzt. Mensch und Ding kommen zudringlich nahe, die
Erlebnisse treffen zu tief, die Erinnerung ist eine eiternde Wunde.
Kranksein ist eine Art Ressentiment selbst. – Hiergegen hat der
Kranke nur Ein grosses Heilmittel – ich nenne es den *russischen
Fatalismus,* jenen Fatalismus ohne Revolte, mit dem sich ein
russischer Soldat, dem der Feldzug zu hart wird, zuletzt in den
Schnee legt. Nichts überhaupt mehr annehmen, an sich nehmen,
in sich hineinnehmen, – überhaupt nicht mehr reagiren ... Die
grosse Vernunft dieses Fatalismus, der nicht immer nur der Muth
zum Tode ist, als lebenerhaltend unter den lebensgefährlichsten
Umständen, ist die Herabsetzung des Stoffwechsels, dessen Verlangsamung, eine Art Wille zum Winterschlaf. Ein paar Schritte
weiter in dieser Logik, und man hat den Fakir, der wochenlang in
einem Grabe schläft ... Weil man zu schnell sich verbrauchen
würde, *wenn* man überhaupt reagirte, reagirt man gar nicht
mehr: dies ist die Logik. Und mit Nichts brennt man rascher ab,
als mit den Ressentiments-Affekten. Der Ärger, die krankhafte
Verletzlichkeit, die Ohnmacht zur Rache, die Lust, der Durst
nach der Rache, das Giftmischen in jedem Sinne – das ist für
Erschöpfte sicherlich die nachtheiligste Art zu reagiren: ein rapi

der Verbrauch von Nervenkraft, eine krankhafte Steigerung schädlicher Ausleerungen, zum Beispiel der Galle in den Magen, ist damit bedingt. Das Ressentiment ist das Verbotene *an sich* für den Kranken – *sein* Böses: leider auch sein natürlichster Hang. – Das begriff jener tiefe Physiolog Buddha. Seine »Religion«, die man besser als eine *Hygiene* bezeichnen dürfte, um sie nicht mit so erbarmungswürdigen Dingen wie das Christenthum ist, zu vermischen, machte ihre Wirkung abhängig von dem Sieg über das Ressentiment: die Seele *davon* frei machen – erster Schritt zur Genesung. »Nicht durch Feindschaft kommt Feindschaft zu Ende, durch Freundschaft kommt Feindschaft zu Ende«: das steht am Anfang der Lehre Buddha's – so redet *nicht* die Moral, so redet die Physiologie. – Das Ressentiment, aus der Schwäche geboren, Niemandem schädlicher als dem Schwachen selbst, – im andern Falle, wo eine reiche Natur die Voraussetzung ist, ein *überflüssiges* Gefühl, ein Gefühl, über das Herr zu bleiben beinahe der Beweis des Reichthums ist. Wer den Ernst kennt, mit dem meine Philosophie den Kampf mit den Rach- und Nachgefühlen bis in die Lehre vom »freien Willen« hinein aufgenommen hat – der Kampf mit dem Christenthum ist nur ein Einzelfall daraus – wird verstehn, weshalb ich mein persönliches Verhalten, meine *Instinkt-Sicherheit* in der Praxis hier gerade an's Licht stelle. In den Zeiten der décadence *verbot* ich sie mir als schädlich; sobald das Leben wieder reich und stolz genug dazu war, verbot ich sie mir als *unter* mir. Jener »russische Fatalismus«, von dem ich sprach, trat darin bei mir hervor, dass ich beinahe unerträgliche Lagen, Orte, Wohnungen, Gesellschaften, nachdem sie einmal, durch Zufall, gegeben waren, Jahre lang zäh festhielt, – es war besser, als sie ändern, als sie veränderbar zu *fühlen*, – als sich gegen sie aufzulehnen ... Mich in diesem Fatalismus stören, mich gewaltsam aufwecken nahm ich damals tödtlich übel: – in Wahrheit war es auch jedes Mal tödtlich gefährlich. – Sich selbst wie ein Fatum nehmen, nicht sich »anders« wollen – das ist in solchen Zuständen die *grosse Vernunft* selbst.

Leszek Kołakowski

Von der Freiheit

Es gibt zwei ideelle Bereiche, jeder für sich sehr ausgedehnt, innerhalb derer das Problem der Freiheit gewöhnlich erörtert wird; sie sind insoweit logisch voneinander getrennt, als nicht einmal sicher ist, daß das Wort »Freiheit« auf beide zutrifft. Der eine Bereich umfaßt die uralte Frage, ob der Mensch »frei« sei, frei kraft seiner menschlichen Natur, ob er also von Geburt eine unveräußerliche Freiheit besitze. Freiheit in diesem Sinne, unter anderem eine Freiheit der Wahl, die nicht völlig durch Kräfte erzwungen ist, welche außerhalb des individuellen Bewußtseins liegen, ist in der Geschichte unserer Kultur ebensooft bestritten wie bestätigt worden. Der Streit war artverwandt, aber nicht identisch mit der Auseinandersetzung um den allgemeinen Determinismus. Wenn jedes Ereignis zur Gänze durch die Bedingungen vorbestimmt wird, die ihm zugrunde liegen, dann kann von einer Freiheit der Wahl füglich keine Rede sein. Wäre die universelle Kausalität tatsächlich so absolut, dann müßten wir womöglich zu paradoxen Schlußfolgerungen gelangen. Was durch die äußeren Bedingungen gänzlich vorbestimmt ist, ist auch – »im Grunde«, aber nicht unbedingt »technisch« – vorhersehbar. Man könnte also meinen, daß wir unsere Fähigkeiten zur Vorhersage nur entsprechend verbessern müßten, um eines Tages, die Anwendung eines strengen Determinismus vorausgesetzt, etwa folgende Nachricht in der Zeitung zu lesen: »Gestern wurde in der Hauptstadt Janek Kowalski geboren, der später einmal ein herausragender Komponist sein wird. Um dieses Ereignis zu würdigen, spielt die Warschauer Philharmonie morgen die Dritte Sinfonie, die er im Alter von 37 Jahren schreiben wird.«

Freiheit bedeutet jedoch nicht nur, zwischen mehreren Möglichkeiten wählen zu können, sondern auch Schöpfergeist, die Erschaffung ganz und gar neuer, nicht vorhergesehener Dinge.

Einst glaubten sowohl Physiker als auch zahlreiche Philosophen an einen eisernen Determinismus. Beweise dafür hatten sie nicht, sie hielten diesen Glauben aber für ein Resultat des gesunden Menschenverstands, an dem nur Verrückte zweifeln konnten und das eine unabdingbare Grundlage des rationalen Denkens war. In unserem Jahrhundert ist dieser Glaube geschwunden, was hauptsächlich ein Verdienst der Quantenmechanik, in letzter Zeit auch der Chaostheorie ist. Die Physiker haben das deterministische Dogma verworfen. Daraus darf man freilich nicht schließen, daß die Menschen mit einem freien Willen ausgestattet seien – Elektronen haben keinen freien Willen –, aber man kann sagen, daß die Physik dem Glauben an einen freien Willen nicht entgegensteht. Das tut sie nicht. An die Freiheit der Wahl – in dem erwähnten Sinne – und an die Schaffung von Neuem aber kann, ja muß man meines Erachtens glauben; Freiheit ist eine elementare Erfahrung, die Erfahrung eines jeden Individuums; sie ist so elementar, daß sie sich nicht in Teilchen zerlegen läßt, die man einzeln analysieren könnte, weshalb Freiheit als unbeweisbare Wirklichkeit erscheinen mag. Es gibt gleichwohl keinen Grund, dieser Erfahrung zu mißtrauen, obschon sie elementar ist. Wir sind wahrhaftig die Verursacher unserer Taten und nicht nur Werkzeuge irgendwelcher konkurrierender Kräfte, obwohl wir natürlich den Gesetzen der Natur unterworfen sind. Wir setzen uns wahrhaftig gute oder böse Ziele, die wir anstreben. Äußere Bedingungen oder andere Menschen können unsere Wünsche vereiteln, wir können körperlich so eingeschränkt sein, daß wir effektiv keine Wahl haben – dennoch bleibt uns die Fähigkeit zur Wahl unbenommen, selbst wenn uns die Möglichkeit fehlt, diese Freiheit zu nutzen.

Folglich wird diese Freiheit dem Menschen zusammen mit seiner Menschlichkeit zuteil, sie ist das Fundament dieser

Menschlichkeit, sie schafft den Menschen und zeichnet ihn innerhalb der Schöpfung aus.

Dabei gibt es keine Ursache, mit dem heiligen Augustinus und mit Kant anzunehmen, daß wir nur dann frei seien, wenn wir das Gute wählen, daß also unsere Freiheit durch den Inhalt der Wahl bestimmt werde und nicht durch die bloße Fähigkeit zu wählen. Eine solche Behauptung heißt, die eigenen Moralvorstellungen in den Begriff der Freiheit zu kleiden.

Wir sprechen aber noch von einer anderen Freiheit, die nicht in der Natur unseres Daseins liegt, sondern ein Ergebnis der Kultur, des Zusammenlebens, des Rechts ist. Freiheit in dieser Bedeutung bezieht sich auf jene menschlichen Handlungen, bei denen die Gesellschaft nichts verbietet und nichts gebietet, wo die Menschen also wählen können, etwas zu tun oder zu lassen, ohne sich der Gefahr von Repressionen auszusetzen. Freiheit in dieser Bedeutung läßt sich natürlich steigern, von ihr kann mehr oder weniger vorhanden sein, und an ihrem Ausmaß werden die verschiedenen politischen Ordnungen gemessen – angefangen bei solchen, in denen die Freiheit gegen Null tendiert, die also extrem totalitär sind (zum Beispiel das stalinistische Rußland, das maoistische China oder andere asiatische Kommunismen, ebenso das Dritte Reich), bis hin zu jenen, in denen Gebote und Verbote auf ein Minimum reduziert sind. Totalitäre Regimes haben den Ehrgeiz, alle menschlichen Aktivitäten zu lenken und nichts der Wahl des einzelnen zu überlassen. Tyrannische, aber nicht totalitäre Regimes wollen den Menschen die Freiheit auf all jenen Gebieten nehmen, auf denen sie zu einer Bedrohung ihrer Macht werden kann, in harmlosen Fragen hingegen erstreben sie keine totale Kontrolle, sie benötigen keine globale, allumfassende Ideologie.

Daraus erhellt, daß sich Freiheit in diesem Sinne zwar auf Null zurückschrauben läßt, nicht aber grenzenlos sein kann. Der hypothetische »Naturzustand«, den die Gesellschaftstheoretiker einstmals erörtert haben – jener Zustand, in dem es

keine Gesetze, keine Regeln, keine Organisation des gemein-
schaftlichen Lebens, sondern nur den permanenten Kampf aller
gegen alle gibt –, dieser Zustand hat nie existiert, und wenn er
existiert hätte, wäre er keineswegs ein Zustand grenzenloser
Freiheit gewesen. Man könnte durchaus nicht sagen, in einer
solchen Welt wäre »alles erlaubt« beziehungsweise »alles frei«,
denn etwas kann durch Gesetz erlaubt sein oder nicht. Wo es
kein Gesetz gibt, gibt es auch keine Freiheit, das Wort verliert
seinen Sinn; anders gesagt, Freiheit ist in dieser Welt stets eingeschränkt. Robinson Crusoe hatte keine grenzenlose Freiheit,
eigentlich überhaupt keine. Freiheit – mehr oder weniger – ist
allein dort, wo etwas erlaubt und etwas verboten ist.

Wir sehen also, daß sich die beiden Bedeutungen des Wortes
»Freiheit« sehr unterscheiden, so daß man Freiheit in dem
einen Sinne haben, in dem anderen aber vermissen kann, daß
beide Bedeutungen indessen so eng verwandt sind, daß es uns
nicht stört, ein und dasselbe Wort zu gebrauchen, solange wir
die Bedeutungen nicht vermengen. In beiden Fällen geht es um
die Möglichkeit der Wahl: im letzteren um die situativen Bedingungen dieser Wahl, darum, was uns Gesellschaftsorganisation
und Gesetze allgemein an Möglichkeiten lassen; im ersteren um
unsere eigenen geistigen Voraussetzungen zu wählen und zu
schaffen, um die Tatsache, ob wir zum Wählen und Schaffen
fähig sind, wiewohl diese unsere Fähigkeit nichts besagt im Hin-
blick auf die Güter, unter denen wir faktisch wählen können.

Zwei herkömmliche Fehler sollten vermieden werden, wenn
von Freiheit die Rede ist. Den einen begehen wir, wenn wir alle
Ansprüche und alle ersehnten Güter unter dem Begriff der
Freiheit fassen. Es ist zwar nicht unangemessen zu sagen, man
habe sich von Schmerz oder von Hunger »befreit«; doch obwohl es zu den elementarsten menschlichen Bedürfnissen gehört, keinen Schmerz und keinen Hunger zu leiden, so läßt sich
dennoch nicht behaupten, man genieße eine besondere Art
von Freiheit, wenn diese Bedürfnisse gestillt sind. In diesem

Fall von »Freiheit« zu reden ist deshalb irreführend, weil es hier weder um den Bereich noch um die Chance der Wahl oder gar um die Schaffung von etwas geht. Der Schmerz ist vorüber, und das ist gut so, ihn zu stillen ist ein höchst begehrtes Gut; ein begehrtes Gut ist für den Hungrigen ein Apfel oder für den Ermatteten der Schlaf oder irgend etwas, das Menschen ersehnen. Das Stillen des Schmerzes oder das Essen eines Apfels ist allerdings keine Art von Freiheit, sondern vielmehr ein begehrtes Gut. So viele Menschen haben in unserem Jahrhundert und auch früher ihr Leben im Kampf um die wirkliche Freiheit hingegeben, daß unser Begriffssystem verdunkelt und das richtige Wort seines Nutzens beraubt würde, wenn man seine Bedeutung auf alles ausdehnte, was Menschen irgendwann und irgendwo erstrebt haben; denn dann wäre der Wortstamm durchschnitten. Die übliche Unterscheidung »Freiheit von etwas« und »Freiheit zu etwas« wäre überflüssig.

Der andere Fehler besteht in der Auffassung, Freiheit in dem zweiten, dem rechtlichen Sinne habe keine Bedeutung, wenn die übrigen Bedürfnisse nicht erfüllt seien. Dieses Argument ist seinerzeit von den Verfechtern des Kommunismus unentwegt bemüht worden: »Was hilft es dem hungernden Arbeitslosen, daß es politische Freiheit im Staat gibt?« Es hilft durchaus. Zwar kann Hunger ein dringlicheres Gefühl sein als der Mangel an politischen Freiheiten, aber wenn diese Freiheiten existieren, dann haben die hungernden Arbeitslosen weit bessere Aussichten, ihr Schicksal zu verändern, sie können sich im Kampf um ihre Interessen verbünden und ihre Rechte einfordern, sofern sie sich benachteiligt fühlen.

Wenn es also unangemessen ist, den Besitz aller begehrten Güter mit Freiheit zu identifizieren (immerhin ist ein Konzentrationslager denkbar, in dem es keinen Hunger gibt, riskant aber wäre die Behauptung, dieses Lager sichere den Häftlingen gewisse Freiheiten, während eine liberale staatliche Ordnung andere gewähre), so gilt doch zweifelsfrei, daß Freiheit im rechtlichen Sinne ebenfalls ein höchst begehrtes Gut ist; sie bildet ein Gut an sich, und zwar nicht nur deshalb, weil sie Instrument und Bedingung zum Erwerb weiterer Güter ist.

Daraus ergibt sich nun keinesfalls, daß es um so besser sei, je mehr Freiheit (in eben diesem Sinne) existiere. Ein solches Prinzip darf nicht unbegrenzt gelten. Gewiß meinen die meisten von uns, daß zu Recht verschiedene Taten, die früher strafbar waren, heute – zumindest in zivilisierten Ländern – nicht mehr strafbar sind (zum Beispiel Hexerei oder Homosexualität). Kein vernünftiger Mensch aber fordert, die Freiheit zum Links- oder Rechtsverkehr einzuführen, je nachdem, wie es dem einzelnen gefällt. In manchen Ländern werden Stimmen laut, daß die Kinder in den Schulen zuviel Freiheit hätten, daß es zuwenig Disziplin gäbe und darunter sowohl das Unterrichtsniveau als auch die bürgerliche und moralische Erziehung litten. Es ist im übrigen gar nicht sicher, daß Kinder vom frühesten Alter an eine möglichst große Freiheit der Wahl wünschen, obwohl dieser Wunsch mit den Jahren zweifellos wächst; kleine Kinder sind in der Regel damit einverstanden, daß die Erwachsenen ihnen sagen, was sie tun und lassen sollen, sie verzichten auf die Freiheit der Wahl. Auch wir Erwachsenen überlassen in vielen Fällen anderen die Wahl; wir fühlen uns oft unsicher und vertrauen dem Rat von Experten, obgleich wir wissen, daß nicht alle Experten das Vertrauen verdienen. Wir wissen, daß eine gute Wahl oft von Sachkenntnis abhängt, und niemand kann sich rühmen, daß er in allen Dingen, die zu entscheiden sind, über ausreichendes Wissen verfügt. Wir haben die Freiheit, doch wo es um Dinge geht, mit denen wir uns nicht auskennen, nutzen wir sie nicht.

Kurz, es gibt keine allgemeingültige Regel, die bestimmt, wann uns mehr oder weniger Freiheit frommt. Manchmal meinen wir aus gutem Grund, daß wir zuviel statt zuwenig Freiheit haben und daß dies uns schaden kann. Gewiß ist es sicherer, wenn das Gesetz ein Übermaß anstatt einen Mangel an jener Freiheit erzeugt, die den Bürgern gewährt wird, aber auch diese Regel gilt nicht uneingeschränkt.

Drukpa Rinpoche

Über Freundschaft

Freundschaft ist wie der Duft von Blumen; sie schmückt denjenigen, der in ihrer Gegenwart lebt. Versuche nicht, sie abzuschneiden, sie zu entwurzeln, um sie eifersüchtig nach Hause mitzunehmen. Damit würdest du sie sterben lassen.

Lerne, in Frieden mit deinen Freunden zu leben, alles Bedeutungslose hinter dir zu lassen – die Probleme der Eigenliebe, welche Konflikte entstehen lassen und aus deinen Befürchtungen und Ängsten entstehen. Betrachte die Freundschaft als den geheimen Teil deiner selbst, und sie wird dir Klarheit über deinen eigenen Geist verschaffen.

Die Freundschaft ist keine Prothese, keine Krücke, auf die man sich stützt. Sie ist ein freies Geschenk des Geistes. Sie gibt dir einfach das, was du deinerseits im Austausch geben solltest. Sie lehrt dich, den unendlichen Reichtum des Lebens zu teilen.

Liefere dich deinen Freunden ohne Hintergedanken aus, mit einem klaren und freudigen Geist. Lerne zu geben, ohne etwas zurückzuhalten, wenn du an Weisheit und Liebe wachsen willst.

Kommt dein Freund, wenn du ihn brauchst, oder überläßt er es dir, dich allein mit deinen Problemen und deinem Leid herumzuschlagen? – Kultiviere bloß nicht diese egoistische, fordernde Erwartung, die nichts ist als eine momentane Laune! Der Freund wird nicht zu dir kommen, wenn du nicht auf ihn zugehen kannst.

Die Freundschaft ist das Gesetz, das die Planeten zusammenhält, all die sichtbaren und unsichtbaren Formen des Universums. Verlange nicht, daß die Sterne aufeinanderprallen, damit würdest du das wunderbare natürliche Gleichgewicht zerstören. Sie existieren in einer Beziehung mächtiger gegenseitiger Anziehung, die sie am Leben erhält, und respektieren dabei ihre jeweilige Identität und Natur. Dasselbe gilt für die menschlichen Wesen. Die Freundschaft verlangt keine ständige physische Präsenz. Sie kommt auf viel geheimnisvollere Weise zum Ausdruck, durch Stille, durch Anziehung.

Der Freund ist nicht der große Heiler, der allmächtige Erretter, der den Schlüssel zum Glück besitzt. Er ist nichts anderes als die bereicherte Spiegelung deiner selbst. Er bringt dir das zurück, was du verloren hast.

Glückel von Hameln

»... daß ich nicht, Gott bewahre, in melancholische Gedanken sollte kommen«

Wozu soll ich noch dabei verweilen, meine lieben Kinder. Ich habe dieses angefangen zu schreiben mit Gottes Hilfe nach dem Tode eures frommen Vaters, und es hat mir wohl getan, wenn mir die melancholischen Gedanken gekommen sind, aus schweren Sorgen, als wir waren wie eine Herde ohne Hirt und wir unseren getreuen Hirten verloren haben. Ich habe manche Nacht schlaflos zugebracht, und ich habe besorgt, daß ich nicht, Gott bewahre, in melancholische Gedanken sollte kommen. Darum bin ich oft nachts aufgestanden und habe die schlaflosen Stunden damit zugebracht. (...)

Nun, wir haben – Gott sei Dank – andere Moralbücher, von denen wir alles Gute lernen können. Ich schreib euch dieses auch nicht als Moralbuch, es geschieht nur, wie gesagt, des Abends, um die lange Nacht nicht mit melancholischen Gedanken zu verbringen. »Sie weinet bei Nacht.« Also dieses zur Hand genommen, soviel mir bewußt ist und soviel es sich tun läßt, von der Beschreibung meiner Jugend, was mir noch im Gedenken ist, was mir passiert ist.

Nicht daß ich mich sollt überheben oder mich sollte – Gott behüte – für fromm beschreiben oder halten. Nein, »unsere Sünden sind zu viel, um verziehen zu werden«. Ich bin eine Sünderin, die alle Tage, alle Stunden und alle Augenblicke viel Sünden tut, und bin leider von wenig Sünden ausgeschlossen. »Darüber weine ich und aus meinem Auge fließt Wasser.« Wer gäbe, daß ich könnte weinen und bereuen und recht Buße tun für meine Sünden, wie es sich gehört. Aber meine Beschäftigung mit mir und meinen Kindern und leider meine Sorgen für die Söhne und Töchter, die verwaist sind, und das weltliche Wesen lassen mich nicht zu meinem Stand, wie ich gerne wollte und sollte. Ich bitte Gott, meinen Erschaffer, er wolle so gnädig sein und mir aus allen meinen Nöten und Sorgen, die ich auf mir hab, helfen.

»Denn im geheimen weint meine Seele, und mein Bett überfließt von Tränen.« Denn wir haben niemanden, auf den wir uns verlassen können, als unsern Vater im Himmel. Denn wir Menschen wissen nicht einer von des andern großen Sorgen, und ein jeder Mensch meint, daß seine Sorge die größte ist.

Es ist ein Philosoph auf der Gasse gegangen. Ist ihm ein guter

Freund begegnet und hat ihm sehr geklagt, wie er so große Sorge und Beschwernis hat. So sagt der Philosoph zu seinem Freunde: »Komm mit mir, laß uns auf die Höh von einem Dach steigen.« Also ist er mit seinem Freunde hinaufgestiegen, da haben sie alle Häuser in der Stadt sehen können. Also sagt der Philosoph zu seinem Freunde: »Nun, komm her, mein Freund, ich will dir alle Häuser in der ganzen Stadt weisen, und sieh, in dem Hause steckt das Leid und Unglück, in jenem ist wieder die Beschwernis und Sorg.« In summa hat der Philosoph seinem Freunde gewiesen, daß in allen Häusern der Stadt, in einem jeden Hause seine abgesonderte Sorge und Beschwernis steckt. »Nun, mein Freund, nimm nun deine Beschwerlichkeit und Sorg und wirf sie unter die Häuser, und ergreife dir die Beschwernis von einem der Häuser.«

Aber er hat alles wohl observiert und überlegt, daß in jenen Häusern auch so viel und fast mehr Widerwärtigkeiten und Sorge steckt, also er lieber die seinen wollte behalten. Also ist auch das gemeine Sprichwort: »Die Welt ist voll Pein, ein jeder findet das Sein.« Nun, was soll man tun? Wenn wir Gott – er sei gelobt – mit ganzem Herzen anrufen, wird er uns nicht verlassen, und in unserer Hilfe und in der Hilfe von ganz Israel sein, und uns Gutes und Tröstliches verkündigen, und wird uns schicken unseren Erlöser, unseren gerechten Messias bald in unseren Tagen. Amen. So geschehe sein Wille. (...)

Aber ich war dagelassen mit meinen ledigen und verheirateten Kindern in Not, Kummer und Sorge, und es ist gewachsen Gram und Kummer Tag für Tag, Schlag auf Schlag, und meine Lieben und Verwandten standen in der Ferne. Aber was soll ich tun, was soll ich klagen! Meine Sünden haben das verursacht. Darüber weine ich, und aus meinen Augen fließt Wasser. Und ich werde ihn nicht vergessen alle Tage meines Lebens, denn er ist eingegraben in meinem Herzen.

Nun, meine liebe Mutter und Geschwister haben mich getröstet, wie schon erwähnt, aber mit solcher Tröstung ist mein

Schmerz leider alle Tage größer geworden und ist mit solcher Tröstung nur Öl in das Feuer gegossen worden, und die Flamme ist mächtiger geworden, und mein Schmerz und Herzeleid ist noch viel größer geworden. Solche Tröstung und Zuspruch haben zwei, drei Wochen gewährt, danach hat man mich nicht mehr gekannt. Im Gegenteil, diejenigen, denen wir große Wohltaten erwiesen haben, haben es mit Bösem vergolten – wie die Weltordnung ist. Wenigstens ist solches nach meiner Einbildung geschehen. Denn das Gemüt und die Gedanken von einer betrübten Witwe, die so urplötzlich einen König verliert, wie kann man das vergessen. Also bildet man sich – Gott behüte – vielleicht zu Unrecht ein, daß einem ein jeder nicht wohl tut. Gott wolle es mir verzeihen.

Nun, meine herzlieben Kinder, an dem Tag, an dem ich den herzigen, lieben Freund noch hab tot gehabt vor mir liegen, ist mir nicht so weh gewesen als nachderhand. Es ist mir mit jedem Tag weher geworden. Ich habe alle Tage meine große Betrübnis und Zerstörung betrachtet und mein Schlag ist alle Tage größer geworden. Aber, was hab ich tun sollen? Der große gütige Gott! kraft seines großen Erbarmens und der Vorsehung, die er für uns arme verlassene Menschen hat, derselbe hat mich mit großem Erbarmen und mit großer Gnade zur Geduld geführt, so daß ich meinen kleinen Waisen – 'sie sollen leben – mit Gottes Hilfe vorgestanden bin, so viel solches von einer schwachen Frau, die leider voller Beschwerden und Sorgen ist, sich tun läßt. Nach den dreißig Trauertagen ist kein Bruder, keine Schwester, kein naher Verwandter zu uns gekommen, der uns gefragt hätte, was macht ihr oder wie kommt ihr zurecht. Sind wir zeitweise zusammengekommen, bevor die dreißig Trauertage aus gewesen sind, so ist ihr Reden eitel Nichtigkeiten gewesen. Es hat mir oder meinen Waisen zu unserem Zweck wenig helfen können.

Vormünder hat mein Mann – das Andenken des Gerechten gesegnet – nicht einsetzen wollen, wie schon erwähnt, was er – er ruhe in Frieden – Reb Phöbus gesagt hat.

Nun nach den dreißig Trauertagen bin ich über mein Geschäftsbuch gegangen und hab nachgesehen, da hab ich gefunden, daß wir zwanzigtausend Reichstaler schuldig gewesen sind, welches ich zwar wohl gewußt habe, und ist mir, Gott sei Dank, auch nicht bang dabei gewesen. Denn ich hab wohl gewußt, daß ich alles zahlen kann, und noch so viel übrig ist, daß ich und meine Waisenkinder zurechtkommen können. Es ist aber doch für eine betrübte Witwe eine schwere Sache, so eine mächtige Summe schuldig zu sein. Und ich habe keine hundert Reichstaler bares Geld im Hause gehabt.

Mein Sohn Nathan und mein Sohn Reb Mordechai sind mir als ehrliche Kinder zu Hilfe gekommen, aber sie sind noch jung gewesen. Also hab ich alles zusammengemacht und meine Bilanz gemacht und mir gedacht, ich will eine Versteigerung machen, was auch gleich geschehen ist.

Nun, meine lieben Kinder, habt ihr gelesen, wie euer lieber, frommer Vater – das Andenken des Gerechten gesegnet – seinen Abschied von dieser sündigen Welt genommen hat, euer Hirt, euer Freund. Nun, liebe Kinder, gedenket nun ein jeder an sich selbst, denn ihr habt keinen Menschen, keinen Freund, auf den ihr euch verlassen könnt. Und wenn ihr auch viel Freunde hättet, wenn ihr sie – Gott bewahre – in der Not brauchen solltet, so könnt ihr euch doch auf keinen Freund verlassen.

Khalil Gibran

Liebe

Wenn die Liebe euch ruft, folgt ihr,
Auch wenn ihre Pfade beschwerlich und steil sind.
Und wenn ihre Schwingen euch umfangen, gebt euch ihr hin,

Auch wenn das Schwert zwischen ihren Fittichen euch ver-
wunden mag.

Und spricht sie zu euch, schenkt ihr Glauben,

Auch wenn ihre Stimme eure Träume zerschlagen mag, so
wie der Nordwind den Garten verwüstet.

Denn so wie die Liebe euch krönt, wird sie euch kreuzigen. So
wie sie euer Wachstum befördert, stutzt sie auch euren Wild-
wuchs.

Ebenso wie sie zu euren Gipfeln emporsteigt und eure zarte-
sten Zweige liebkost, die im Sonnenlicht zittern,

Wird sie zu euren Wurzeln hinabsteigen und sie erschüttern
in ihrem Erdverhaftetsein.

Wie Garben sammelt sie euch und drückt sich euch an die
Brust.

Sie drischt euch, um euch zu entblößen.

Sie siebt euch, um euch von eurer Spreu zu befreien.

Sie mahlt euch blütenweiß.

Sie knetet euch, bis ihr geschmeidig seid;

Und dann überantwortet sie euch ihrem heiligen Feuer, damit ihr heiliges Brot für Gottes heiliges Festmahl werdet.

All das wird die Liebe euch antun, damit ihr die Geheimnisse
eures Herzens erkennt und in diesem Erkennen zu einem
Bruchteil vom Herzen des Lebens werdet.

Solltet ihr aber aus Angst nur den Frieden der Liebe und die
Freuden der Liebe erstreben,

Dann ist es besser für euch, wenn ihr eure Blöße bedeckt und
die Tenne der Liebe verlasst und hinaustretet.

In die Welt ohne Jahreszeiten, wo ihr lachen werdet, aber
nicht all euer Lachen, und weinen, aber nicht all eure Tränen.

Die Liebe gibt nichts als sich selbst und nimmt nichts als von sich selbst.

Die Liebe besitzt nicht, noch will sie Besitz sein.

Denn der Liebe ist die Liebe genug.

Wenn ihr liebt, sollt ihr nicht sagen: »Gott ist in meinem Herzen«, sondern: »Ich bin im Herzen Gottes.«

Und meint nicht, ihr könntet den Lauf der Liebe bestimmen, denn befindet sie euch für würdig, bestimmt vielmehr sie euren Lauf.

Die Liebe wünscht nichts, als sich selbst zu erfüllen.

Doch wenn ihr liebt und Wünsche haben müsst, dann wünscht euch dies:

Zu zerschmelzen und gleich einem rauschenden Wasser zu werden, das der Nacht seine Weise singt.

Die Qual zu großer Zärtlichkeit kennenzulernen.

Verwundet zu werden von eurem eignen Verständnis der Liebe;

Und bereitwillig und freudig zu bluten.

Im Morgengrau mit einem Lerchen-Herzen aufzuwachen und für einen neuen Tag des Liebens Dank zu sagen;

In der Mittagszeit zu rasten und dem Entzücken der Liebe nachzusinnen;

Am Abend dankbar heimzukehren;

Und dann einzuschlafen mit einem Gebet für den Geliebten im Herzen und einem Lobgesang auf den Lippen.

Wie ahnungslos der Mensch, der denkt, die Liebe entspringe langem Beisammensein und ununterbrochener Gemeinschaft! Wahre Liebe ist die Tochter eines innigen Verstehens, und kommt dieses Verständnis nicht in einem Augenblick zustande, wird es niemals erlangt – nicht in einem Jahr, nicht in einem ganzen Jahrhundert.

Wenn eines Mannes Hand die Hand einer Frau berührt, rühren sie beide an das Herz der Ewigkeit.

Liebe ist ein Wort aus Licht, von einer Hand aus Licht geschrieben auf einem Blatt aus Licht.

Montesquieu

Glück und Unglück

Glück und Unglück beruhen auf einer günstigen oder ungünstigen Anlage.

Bei günstiger Anlage wird das Glück durch Umstände wie Reichtum, Ehre, Gesundheit oder Krankheit vermehrt oder vermindert; bei ungünstiger Anlage dagegen vermehren oder vermindern die Umstände das Unglück.

Wenn wir über Glück oder Unglück reden, täuschen wir uns leicht, da wir über Umstände und nicht über Personen urteilen. Die Umstände sind niemals unglücklich, wenn sie einem behagen, und wenn wir von einem Mann in bestimmten Verhältnissen sagen, er sei unglücklich, will das nichts weiter heißen, als daß wir unglücklich wären, wenn wir uns mit unseren Mitteln an seiner Stelle befänden.

Nehmen wir also von der Anzahl der Unglücklichen alle weg, die nicht bei Hof sind, obwohl ein Hofmann sie für die Unglücklichsten des Menschengeschlechtes hält. Im allgemeinen sagt man, jeder halte sich für unglücklich. Mir dagegen scheint es, daß alle Welt sich für glücklich hält. Der Hofmann glaubt, daß nur er lebt. Ziehen wir also von der Anzahl der Unglücklichen auch diejenigen ab, die in der Provinz leben, obwohl die Bewohner der Hauptstadt sie für Wesen halten, die nur vegetieren. Ziehen wir auch noch die Philosophen ab, obwohl sie nicht im Getriebe der Welt, und schließlich noch die Weltleute, obwohl sie nicht in der Zurückgezogenheit leben.

Entfernen wir desgleichen aus der Anzahl der Glücklichen die Großen, obwohl sie mit Titeln überhäuft, die Finanzleute, obwohl sie reich, die Männer der Robe, obwohl sie stolz sind, die Kriegsleute, obwohl sie oft genug von sich selbst reden, die jungen Leute, obwohl man meint, daß sie ein glückliches Leben vor sich haben, die Frauen, obwohl man sie verwöhnt, und schließlich die Geistlichen, obwohl sie durch ihren Starrsinn zu Ansehen und durch ihre Unwissenheit zu Würden gelangen können. Die wahren Freuden sind nicht immer im Herzen der Könige, aber können es leicht sein.

Was ich sage, ist wohl kaum zu bestreiten. Wenn es aber wahr ist, was wird dann aus allen antiken und modernen moralischen Reflexionen? Man täuscht sich nie gründlicher, als wenn man die Gefühle der Menschen in ein System zu bringen versucht, und ohne Frage findet man das schlechteste Bild vom Menschen in Büchern, die eine Anhäufung von allgemeinen, fast immer falschen Sätzen sind.

Ein unglücklicher Autor, der sich den Freuden nicht zugetan fühlt, der mit Traurigkeit und Mißmut geschlagen ist, dem sein Vermögen nicht erlaubt, die Annehmlichkeiten des Lebens, und sein Geist nicht, die seines Glücks zu kosten, ist gleichwohl stolz genug, sich für glücklich zu erklären, und betäubt sich mit Phrasen wie der vom unbedingten Guten, den Vorurteilen der Kindheit und der Beherrschung der Leidenschaften.

Es gibt zwei Arten von unglücklichen Menschen.

Die einen haben eine gewisse Seelenschwäche, die bewirkt, daß ihre Seele von nichts ergriffen wird. Sie hat nicht die Kraft, überhaupt nichts zu wünschen, und alles, was sie berührt, ruft bloß dumpfe Gefühle hervor. Wer eine solche Seele hat, befindet sich in einem Zustand der Mattigkeit, das Leben ist ihm eine Last, jeder Augenblick bedrückt ihn. Er liebt das Leben nicht, aber fürchtet den Tod.

Die andere Art unglücklicher Menschen sind dagegen jene, die ungeduldig herbeisehnen, was sie nicht bekommen können, und sich in der Hoffnung auf ein Gut verzehren, das sich immer wieder entzieht.

Ich rede hier nur von einer leidenschaftlichen Bewegung der Seele, nicht von einer bloßen Regung. Jemand ist also nicht unglücklich, weil er ehrgeizig ist, sondern weil er vom Ehrgeiz verzehrt wird. Und fast immer ist ein solcher Mensch so veranlagt, daß er auch unglücklich wäre, wenn ihn nicht der Ehrgeiz gepackt hätte, also der Wunsch, Großes zu vollbringen.

Doch schon der Wunsch, das Glück zu erobern, macht uns nicht nur nicht unglücklich, sondern ist ein Spiel, das uns durch zahllose Hoffnungen ergötzt. Tausend Wege scheinen dorthin zu führen, und kaum ist der eine versperrt, scheint sich schon ein anderer zu öffnen.

Es gibt auch zwei Arten von glücklichen Menschen.

Die einen werden lebhaft von Dingen erregt, für die ihre Seele empfänglich ist und die leicht zu erlangen sind, wie die Jagd oder das Glücksspiel, das man sich leisten kann. Sie wünschen lebhaft, sie hoffen, sie genießen, und bald beginnen sie wieder zu wünschen.

Die anderen werden sanft und anhaltend in Bewegung versetzt, sie werden angeregt, nicht erregt. Eine Lektüre, ein Gespräch genügen ihnen.

Mir will es scheinen, als hätte sich die Natur für Undankbare abgemüht: Wir sind glücklich, aber wir reden so, daß man meinen könnte, wir ahnten es nicht einmal. Trotzdem finden wir überall Freuden: Sie hängen mit unserem Dasein zusammen, während die Leiden nur zufällig sind. Überall scheinen die Dinge uns zur Freude bereitet. Wenn uns der Schlaf ruft, erfreut uns die Dunkelheit, und wenn wir aufwachen, beglückt uns das Tageslicht. Die Natur ist mit einer Fülle von Farben geschmückt, Töne schmeicheln unseren Ohren, was wir essen, ist wohlschmeckend, und als wäre dies noch nicht genug des Daseinsglücks, muß unser Körper ständig auch noch für unser Vergnügen wiederhergestellt werden.

Unsere Seele, die die Fähigkeit hat, durch ihre Organe angenehme oder schmerzliche Empfindungen aufzunehmen, versucht die einen zu erlangen und die anderen von sich fernzuhalten. Dabei ersetzt die Kunst immer auch die Natur. So ändern wir die äußeren Dinge unaufhörlich, nehmen weg, was uns schaden könnte, und fügen hinzu, was sie uns angenehm macht.

Mehr noch: Die Schmerzen unserer Sinne führen uns notwendig zur Lust. Man versuche nur einen Einsiedler darben zu lassen, ohne seiner Speise gleichzeitig einen neuen Geschmack hinzuzufügen. Nur ganz starke Schmerzen verletzen uns, während mäßige Schmerzen der Lust sehr nahe kommen, uns jedenfalls nicht die Lebensfreude nehmen. Geistiger Schmerz dagegen kann kaum mit der Befriedigung verglichen werden, die unser Stolz uns ständig verschafft, und es gibt kaum eine Viertelstunde, in der wir nicht wenigstens in irgendeiner Hinsicht mit uns zufrieden wären. Der Stolz ist ein schmeichlerischer Spiegel: Er verkleinert unsere Fehler und vergrößert unsere Tugenden. Eine neue Richtung der Seele gibt ihr auch immer neue Befriedigungen. Auf die wohltuenden Leidenschaften ist mehr Verlaß als auf die traurigen. Auch wenn wir oft Dinge fürchten, die nie Wirklichkeit werden, richten wir unsere Hoffnung auf weit mehr Dinge, die genausowenig eintreffen. Aber damit sind auch ebenso viele glückliche Stunden gewonnen. Gestern hoffte eine Frau, einen Liebhaber zu erobern. Ist es ihr nicht geglückt, hofft sie nun, daß ein anderer, den sie soeben zum ersten Mal gesehen hat, seine Stelle einnehmen wird. So verbringt sie ihr Leben mit Hoffen. Wie wir unser

Leben mehr in Hoffnung als im Besitz zubringen, nehmen auch unsere Hoffnungen weit stärker zu als die Sorgen. All dies ist eine Sache der Berechnung, und deshalb ist es leicht zu sehen, um wieviel das, was für uns ist, übertrifft, was gegen uns ist.

Kurt Tucholsky

»eigentlich«

Das ist ein schönes, deutsches Wort, so schön, daß man es nicht einmal ins Französische übersetzen kann. »Proprement dit« ... nein, »eigentlich« ist überhaupt kein Wort. Das ist eine Lebensauffassung.

Da leben die Leute in ihren Vierzimmerwohnungen und verdienen elfhundertundsiebenunddreißig Mark im Monat, und haben eine Frau und zwei Kinder (oder umgekehrt), und fahren jeden Tag mit der Untergrundbahn ... aber »eigentlich« sind sie ganz etwas anderes. Dichter zum Beispiel, für die das äußere Leben nur provisorisch vorhanden ist, bis sie eines Tages einsehen, daß dieses Provisorium alles war, und daß nichts mehr danach kommt ... und Prominente sind sie in irgendeiner Kunst, Beamte, Politiker; sie gehen, nennt man das, in ihrem Beruf auf – kurz: »eigentlich« sind sie alle ganz etwas anderes. Man sieht es ihnen gar nicht an, das Eigentliche.

Es wimmelt von verkappten Königen, die inkognito leben. Vielleicht braucht jeder diesen kleinen Privatstolz, sonst könnte er es ja wohl nicht durchstehen; vielleicht muß diese Bezugnahme auf einen tieferen, oft nur vermeintlichen Wert dasein, man könnte sonst nicht leben. Es gibt so viel Verhinderte ...

Da sind die »Nur-Journalisten«, die »eigentlich« Dichter sind, so große lyrische Dichter, daß Stefan George von Glück sagen kann; »eigentliche« Musiker gibt es zu Hunderttausenden, es ist ein Glück, daß uns die meisten erspart bleiben. Es kommt aber, wenns soweit ist, gar nicht auf das Eigentliche an.

»Eigentlich« haben die Richter ihn freisprechen wollen, aber dann haben sie ihn doch verurteilt ... und nun sitzt er im Gefängnis und kann mit dem Eigentlichen nicht viel beginnen. »Eigentlich« sollte er Privatdozent werden, aber er ist dann doch in die Industrie gegangen. Eigentlich bin ich ja ein Freidenker, aber wenn meine Schwiegermutter will, daß wir uns kirchlich trauen lassen ...? Eigentlich müßte man sich diesen Wucher nicht gefallen lassen, aber wir zahlen dann doch.

Und eigentlich sind wir ja dem Arbeitgeber, der uns bedrückt, tausendfach überlegen, und wir spotten seiner und sind so feine Herren ... Und eigentlich sind wir überhaupt ganz anders, als man glauben könnte, wenn man uns so leben sieht. Wonach es aber nicht geht.

Sondern es geht nach dem Erfolg und nach der Wirklichkeit. Und es ist ein schöner und gefährlicher deutscher Traum, die Realität zu ignorieren, und im Wunschland zu leben, wo es nichts kostet und wo alles glatt und hemmungsfrei zugeht. So fliehen sie – und bleiben auf derselben Stelle.

Und so leben eigentlich viele Leute mit dem Kopf in den höheren Schichten und spielen sich ein Dasein vor, das sie gar nicht führen, obgleich sie es führen – und eigentlich sind sie auch gar keine mondänen Sportsleute, sondern geborener Mittelstand, der aus den Pantinen gekippt ist. Es gibt ein Ding, das es deutlicher zeigt als alles andere: das ist die Fassadenarchitektur, die nicht immer klassizistisch oder barock sein muß – falsche Intimität, falscher Reichtum und falsches Silber tuns auch. Ja, es gibt sogar falsche Ornamentlosigkeit ...

Ein merkwürdiges Wechselspiel: mal ist das zugrunde liegende »Eigentliche« unwahr, und mal stimmt die Oberfläche nicht ... Weil aber keiner ganz er selber ist, so bleibt immer ein kleines »Eigentlich« übrig, auf das er sich, bei Bedarf, zurückziehen kann. Denn was wollen sie eigentlich alle –? Proprement dit: das Glück.

Annemarie Pieper

Was also ist das Glück?

Der kürzlich verstorbene Maler und Architekt Friedensreich Hundertwasser wurde seinem letzten Willen entsprechend auf seinem Grundstück in Neuseeland bestattet, und zwar in dem von ihm selbst angelegten »Garten der glücklichen Toten«. Wie soll man sich diesen Garten und die Toten, die darin ihre letzte Ruhe finden, vorstellen? Im Unterschied zur feierlichen Erhabenheit, die Arnold Böcklins Gemälde *Die Toteninsel* (1880) als Symbol für die Ewigkeit ausstrahlt, wird der Garten der glücklichen Toten vermutlich wie die von Hundertwasser gestalteten Häuser und Anlagen die lebendige, farbenprächtige Natur in den Vordergrund rücken, deren Entstehen und Vergehen von einer anderen, in die Zeit eingelassene Ewigkeit erzählt und damit eine ständige Erneuerung alles Verwelkten, Abgestorbenen, Verwesten verkündet. Der verklärte Leib des Toten auf Böcklins Bild hingegen ist konserviert für eine Ewigkeit außerhalb der Zeit. Seine strahlende Helligkeit deutet darauf hin, dass er ganz Seele geworden ist, die ihren vorläufigen Aufenthaltsort auf einer Insel findet, deren schwarze, vor einem tiefdunklen Himmel unbeweglich in die Höhe ragenden Zypressen Ernst und Würde ausdrücken. Sie repräsentieren eine vertikale Transzendenz, die nach oben auf das Göttliche und die Möglichkeit einer Wiederauferstehung hinweist. Erst dann wird dieser Tote sein steinernes Grab verlassen, um auf einer anderen

Insel, der Insel der Seligen, seine endgültige Ruhe zu finden und glücklich zu sein, während die glücklichen Toten, die in einem Hundertwasser'schen Garten zur Ruhe gebettet werden, in dem Zyklus des Lebendigen eingeschlossen bleiben. Auch wenn ihnen zu Lebzeiten vielleicht das Glück, das sie begehrten, nicht zuteil geworden ist, ermöglicht ihnen dieser Ort eine Vereinigung mit der Natur, die sie vollständig in sich aufnimmt und an ihrer vergänglichen, aufblühenden und wieder verblühenden Schönheit teilhaben lässt. Die glücklichen Toten bedürfen weder der Seligsprechung durch eine kirchliche Autorität noch eines Totengerichts, bei dem über ihre Glückswürdigkeit entschieden wird; sie sind aufgehoben im Schoß der Natur, aus dem sie hervorgegangen und in den sie wieder zurückgekehrt sind.

Man kann nur hoffen, dass auch jene Unglücklichen, die Heinrich Heine zur Abrundung seines Glücks ins Jenseits befördert sehen wollte, in einem Garten glücklicher Toter untergekommen sind, wo ihre Feindschaft, die sie das Leben kostete, ein glückliches Ende gefunden hat.

Ich habe die friedlichste Gesinnung. Meine Wünsche sind: eine bescheidene Hütte, ein Strohdach, aber ein gutes Bett, gutes Essen, Milch und Butter, sehr frisch, vor dem Fenster Blumen, vor der Tür einige schöne Bäume, und wenn der liebe Gott mich ganz glücklich machen will, läßt er mich die Freude erleben, daß an diesen Bäumen etwa sechs bis sieben meiner Feinde aufgehängt werden. Mit gerührtem Herzen werde ich ihnen vor ihrem Tode alle Unbill verzeihen, die sie mir im Leben zugefügt – ja, man muß seinen Feinden verzeihen, aber nicht früher, als bis sie gehenkt werden. (Heinrich Heine, Gedanken und Einfälle, 235)

Vielleicht ist aber der »Wald des Unglücks« der passendere Aufenthaltsort für unglückliche Seelen. Aufsehen erregte diese Stätte in Oregon, als man dort einen Pilz entdeckte, dessen unterirdisches Geflecht ein Ausmaß von 880 Hektar erreicht haben soll (was ungefähr der Größe von 1665 Fußballfeldern entspricht). Dieser noch weiter wachsende Pilz umschlingt mit seinen Mycelsträngen die Wurzeln der Bäume und entzieht ihnen das Wasser, sodass sie absterben. Den *Wald* des Unglücks kann es also gar nicht mehr geben, da der gigantische Schmarotzer seinen Wirt tötet und erst dann mit seiner Ausbreitung innehält, wenn er alle Bäume gefällt hat. Dann bietet sich eine Namensänderung an: Der Wald des Unglücks mutiert zum Schlachtfeld des glücklichen Pilzes.

Das Glück kennt viele Spielarten. Doch keine davon ist auf ein bestimmtes Individuum zugeschnitten. Und niemand kommt gleichsam mit einer Bonuskarte zur Welt, mit einer bestimmten Anzahl von Glückspunkten, die jederzeit oder unter bestimmten Voraussetzungen abrufbar sind. Daher muss jeder Mensch für sich selbst herausfinden, was ihn glücklich macht; in Ermangelung einer für alle gleichermaßen passenden Glücksformel können die verschiedenen Lebensformen nur Grobzeichnungen sein, die jeder für sich selbst verfeinern muss, wobei er sich eher selten einen einzigen Lebensstil in Reinform aneignen wird, sondern im experimentellen Umgang mit sich selbst eine Mischform produziert, in welcher je nach persönlichen Vorlieben und Interessen die Glücksvorstellungen der einen Art bevorzugt, die der anderen Art hintangesetzt werden.

Daher können die im Kontext der erörterten sechs Lebensformen dargestellten Glückskonzepte nicht streng voneinander isoliert werden. Im Gegenteil: Sie gehen ineinander über, verstärken oder schwächen sich, und ihre spezielle Mischung ist das Kennzeichen eines individuell gelebten Lebens. So unterschiedlich die Lebensläufe sind, so verschieden fallen auch die Ansichten über das Glück aus. Mag sein, dass das Glücksgefühl von den meisten Menschen ähnlich empfunden wird, wobei die Skala von stiller Freude über intensiven Genuss bis hin zu fröhlicher Ausgelassenheit und ekstatischen Erlebnissen reicht. Die Umgangssprache kennt hier viele Beschreibungen von Glückszuständen, denen gemeinsam ist, dass sie den Menschen ganz durchdringen: die Seele baumeln lassen, Schmetterlinge im Bauch haben, sich in einem Freudentaumel befinden, vor Freude weinen, alles als eitel Wonne erleben, vor Lust vergehen, vor Glück aus der Haut fahren, ja, vor Seligkeit zerspringen ...

Über die Glücksauslöser gehen die Meinungen jedoch ebenso weit auseinander wie über die für erstrebenswert gehaltenen Dinge. Je nachdem, in welcher Lebenssituation sich jemand befindet, avancieren die unwahrscheinlichsten Objekte zum Glücksbringer. Normalerweise würde niemand ein Königreich für ein Pferd bieten, aber für Richard III., der sich in einer verzweifelten Lage befindet, wird das Pferd zum Lebensretter und bestätigt damit das arabische Sprichwort, demgemäß alles Glück der Erde auf dem Rücken der Pferde anzutreffen sei. Wenn das Leben schal geworden ist und kein Glück mehr verspricht, wird der sonst als größtes Unglück angesehene Tod zum Glücksbringer. Jean Améry hat in seinem »Diskurs über den Freitod« die Todesangst beschrieben, die den Selbstmörder erfasst, wenn er dabei ist, sein Leben auszulöschen, doch er fügt hinzu: »Was aber wieder nicht heißt, es könnte nicht zugleich, wenn wir Hand an uns legen, wenn unser Ich sich im Selbstauslöschen verliert und sich – vielleicht zum erstenmal – total verwirklicht, ein nie zuvor gekanntes Glücksgefühl da sein.« Die bewusste Entscheidung, sein Leben zu beenden, ist eine letzte, völlig autonome Handlung, zu der das Ich sich ganz allein autorisiert und durch die es sich möglicherweise zum ersten Mal in seinem Leben absolut frei fühlt. Insofern kann man mit Blaise Pascal zusammenfassen:

Alle Menschen trachten danach, glücklich zu sein; das gilt ohne Ausnahme; was für verschiedene Mittel sie auch dabei anwenden, sie streben alle nach diesem Ziel. Was bewirkt, daß die einen in den Krieg ziehen und die andern nicht, das ist dieses selbe Verlangen, das in allen beiden lebt, aber von verschiedenen Gesichtspunkten begleitet. Der Wille macht niemals den mindesten Schritt, außer auf dieses Ziel zu. Das ist der Beweggrund aller Handlungen aller Menschen, bis hin zu denen, die sich erhängen wollen. (Pensées/Gedanken, Nr. 425)

Lassen wir in Gedanken die ästhetische, die ökonomische, die politische, die sittliche, die ethische und die religiöse Lebensform als ebenso viele Versuche, ein im Ganzen geglücktes Dasein zu entwerfen, noch einmal Revue passieren, so kann in einem erfüllten Leben auf keinen der in jenen zum Vorschein gekommenen Glücksansprüche verzichtet werden, auch wenn einem die eine Sorte Glück wichtiger erscheint als die andere. Wie viel Raum jemand dem sinnlichen Glück gibt, hängt von der Einstellung zu Genuss, Lust und körperlichem Wohlbehagen ab. Ohne ein Minimum an sinnlichem Glück kommt selbst der Asket nicht aus, insofern er Freude an seiner Selbstgenügsamkeit empfinden muss, um gut zu leben. Das Gleiche gilt für das wirtschaftlich kalkulierte Glück: Ohne ein gesichertes Existenzminimum macht das Leben keinen Spaß, weil das Glück von den Sorgen um den Lebensunterhalt aufgefressen wird. Was das strategisch herstellbare Glück betrifft, so muss wenigstens für die sozialpolitischen Rahmenbedingungen gesorgt sein, die jedem Individuum die Suche nach seinem persönlichen Glück ermöglichen, unter Einbeziehung des eudämonistischen Glücks, das dem Einzelnen ein zumutbares Maß an Verantwortung für das kollektive Wohlergehen auferlegt. Auch das leidenschaftslose Glück, das sich der spirituellen Dimension des kontemplativen Glücks annähert, gehört zum Menschsein hinzu, selbst wenn es sich in der geistigen Hingabe an profane Dinge erschöpft. Die alte Redeweise, jemandem Glück und Segen zu wünschen, erinnert daran, dass in einem gelingenden Leben Gott seine Hand im Spiel hat.

Wir tendieren dazu, von jeder Art Glück möglichst viel haben zu wollen, in der Meinung, dass dann alles ununterbrochen wie im Paradies ist. Doch wie sich gezeigt hat, führt ein Übermaß an Glück geradewegs ins Unglück. Es gilt also, klug abzuwägen, wie viel Glück von welcher Sorte einem nicht nur angenehm scheint, sondern zuträglich ist. Madame du Châtelet hat ihre *Rede vom Glück* (1746/47) mit folgenden Ratschlägen abgeschlossen:

> Versuchen wir also, es uns gutgehen zu lassen, keinerlei Vorurteile zu hegen, Leidenschaften zu haben und sie unserem Glück dienlich zu machen, unsere Leidenschaften durch Neigungen zu ersetzen, mit größter Sorgfalt unsere Illusionen zu bewahren, tugendhaft zu sein, niemals zu bereuen, uns von traurigen Vorstellungen fernzuhalten und unserem Herzen nie zu erlauben, auch nur ein Fünkchen Neigung für jemanden zu bewahren, dessen Neigung schwindet und der aufhört, uns zu lieben. Da man altert, muß man auf die Liebe eines Tages verzichten, und dieser Tag sollte der sein, an dem sie uns nicht mehr glücklich macht. Denken wir schließlich daran, unsere Neigung für die Wissenschaft zu pflegen, diese Neigung, die das Glück vollkommen in unsere Hände legt. Nehmen wir uns vor dem Ehrgeiz in acht und vor allem seien wir uns im klaren, was wir sein wollen; entscheiden wir uns für den Weg, den wir für unser Leben einschlagen wollen, und versuchen wir, ihn mit Blumen zu säumen. (Rede vom Glück, 57 f.)

Die Lebensklugheit, die aus diesen Ratschlägen spricht, zeigt sich darin, dass die für eine gelungene Lebensführung als wichtig erachteten Aspekte so zur Geltung gebracht werden, dass jedes Individuum dazu angehalten wird, selbst zu entscheiden, worauf, zu welchem Zeitpunkt und in welchem Ausmaß es persönlich Wert legen möchte, um das Glück voll auszuschöpfen. Jeder Mensch muss sich das Hufeisen der Lebensform, in welcher er glücklich zu werden hofft, selbst schmieden. Zwar kann man die Rohlinge bei den Philosophen besichtigen, aber das Material zu ihrer Herstellung muss man ebenso persönlich auswählen, wie man selbst an der speziellen Form herumfeilen muss, bis sie auf die eigene Person passt. Das Hufeisen, in welchem man sich so einrichtet, dass man sich darin wohlfühlt, schirmt nach innen und nach außen gegen das Unglück ab. Da es eine offene Form ist, die sowohl Auswege als auch Zuflüsse ermöglicht, fühlt sich das Individuum darin nicht unentrinnbar eingeschlossen wie im Kokon der utopischen Modelle, sondern es kann seine private, im Innenraum des Hufeisens geschaffene Insel der Seligkeit jederzeit verlassen, um Ausschau zu halten, wie die anderen leben, mit denen es die kollektive Lebensform teilt: das große Hufeisen, in dem die kleinen sich arrangieren müssen, damit jeder auf seine Weise und alle gemeinsam glücklich sein können. Insofern die Lebensform vom Individuum, das sie verinnerlicht hat und existenziell ausfüllt, nicht abtrennbar ist, kann man sagen: »Jeder *ist* eine Insel.« Und all diese vielen kleinen Inseln bilden den Archipel ›Menschheit‹, dessen bunte Vielfalt Ausdruck gelebter Freiheit sein soll.

Dass das Glück nicht überall zu Hause ist, weil Allmachtsfantasien, Verachtung, Neid, Habgier und Grausamkeit die Lebensentwürfe von Individuen und ganzen Völkern zunichte machen, ist unbestritten. »Wunschloses Unglück« (Peter Handke) kennzeichnet einen Zustand, in welchem die Kraft zu wünschen erloschen ist. Die Zukunft hat sich verschlossen und bietet keinerlei Anreize mehr, nach Glück zu streben. Umso dringlicher ist es, Brücken zu bauen, die das in der Folge von Feindschaft und Gewalt entstandene Unglück durch friedliche Annäherung verhindern oder wenigstens verringern. Eine dieser Brücken ist die Musik. Unzählige Schlager und Lieder preisen ein mehr oder weniger banales Glück an: »Du hast Glück bei den Frau'n, bel ami ...« Wer den Frauen gefällt, ist zwar nicht unbedingt glücklich – »Schöner Gigolo, armer Gigolo, [...] man zahlt, und du musst tanzen ...« –, aber er ist im Besitz einer Brücke zum anderen Geschlecht, um die ihn mancher beneidet. Schönheit ist durchaus ein Vorteil, doch das Glück ist mit dem Tüchtigen, der sein Glück versucht hat und dabei erfolgreich war. Im *Hobellied* klingt die vergeudete Zeit an, die man besser dazu verwendet hätte, das Glück zu genießen, anstatt seinen Wert zu taxieren und sich darüber mit den anderen in die Haare zu geraten: »Da streiten sich die Leut' herum, / oft um den Wert des Glücks. / Der eine heißt den andern dumm. / Am End' weiß keiner nix.« Schillers *Ode an die Freude* steigert sich in Beethovens 9. Sinfonie zu einem völkerverbindenden Finale: »Freude, schöner Götterfunken, / Tochter aus Elysium. / Alle Menschen werden Brüder ...« Es ist etwas Weibliches, das Brücken zwischen den Männern schlägt und sie zu einer Brüderschaft vereinigt, die die Menschheit umschließt.

Die eigentliche brückenstiftende Kraft wohnt jedoch nicht den gesungenen Texten, sondern den Tönen inne. Odysseus wusste um die Unwiderstehlichkeit des Sirenengesangs, dessen lockende Klänge diejenigen, die sich ihnen aussetzten, ohne Vorkehrungen zu ihrem Schutz zu treffen, ins Verderben rissen. Daher verstopfte Odysseus der Schiffsbesatzung die Ohren und ließ sich am Mast seines Schiffes festbinden, um in den Genuss dieses Gesangs zu kommen. So konnte er vor Glück vergehen, ohne darin umzukommen.

Musik ist wie eine Droge, die Glück erzeugende Endorphine freisetzt, sowohl bei den Produzenten als auch bei den Rezipienten von Musik. Der Volksschauspieler Willy Millowitsch, der hin und wieder kölsche Lieder zum Besten gab, erklärte seine Frohnatur durch den Hinweis auf seine musikträchtige Abstammung: »Die Mutter von der Donau, der Vater vom Rhein, was kann ich da anders, als glücklich zu sein.« Und Joe Cocker hat bei einem Konzert in der Münchner Olympiahalle seinen Rezensenten Matthias Kuhn restlos glücklich gemacht: »Joe Cocker schluchzt zur Gänsehaut ›You are so beautiful‹. Keine Wünsche offen.« David Gilmour hingegen, langjähriger Chef der legendären Gruppe »Pink Floyd«, hat den Erfolg der Rockoper *The Wall* umgemünzt in ein beschauliches Leben: »Ich schaue nicht zurück. Ich habe eine Farm. Ich habe sieben Kinder. Mit denen fliege ich, wenn das Wetter schön ist, in meinem Flugzeug ein bisschen die Küste rauf und runter. Ich lese viel. Ich dudele auf meiner Gitarre herum. Ich wähle seit Jahrzehnten aus tiefer Überzeugung eine Partei, die reiche Menschen in England normalerweise nicht wählen. Ich bin ein glücklicher Mann.« Justus Frantz schließlich hat die völkerverbindende Kraft der Musik in einer doppelten Weise zu seinem Metier gemacht: Mit seiner Philharmonie der Nationen, in der junge Leute aus allen Erdteilen musizieren, reist er als glücklicher Dirigent um die Welt und erfreut überall eine große Zuhörerschaft mit klassischen Melodien.

Wer glücklich ist, muss stets mit der Missgunst derer rechnen, die schlechter weggekommen sind und sich im Recht dünken, wenn sie am Glück ihrer Mitmenschen herummäkeln. So klagt die junge Schauspielerin Alicia Silverstone: »Eine Zeit lang dachten die Leute, ich sei zu dick. In der Presse hieß es, ich hätte ein Gewichtsproblem. Das haben sie geschrieben, weil sie nichts anderes über mich zu sagen hatten. Es ist doch immer so: Wenn jemand richtig glücklich ist, müssen sie ihn fertigmachen.« Diesen Menschen, die ihr Ressentiment pflegen, kann man nur empfehlen, sich Gedanken über ihr eigenes Glück zu machen, anstatt über fremdes Glück zu giften, denn wie Stefan Kaufmann, Direktor des Max-Planck-Instituts für Infektionsbiologie in Berlin, herausgefunden hat, sind glückliche Menschen gesünder, weil sie ein starkes Immunsystem haben: »Wer sich wohlfühlt, wird zwar genauso häufig von Schnupfenviren infiziert wie unglückliche Menschen – aber seltener krank. [...] Glück ist der beste Schutz gegen eine Erkältung.« Ein gut funktionierendes Immunsystem verschafft auch Freuden der ganz anderen Art. Wolfgang Wört wünschte sich bei der Feier des 65. Geburtstags von Sophia Loren leidenschaftlich, die Torte zu sein, welcher sich der Weltstar mit genüsslich gezücktem Messer annäherte: »Das Glück, eine Geburtstagstorte zu sein.«

Vielleicht verhält es sich ja tatsächlich so, dass unser Verlangen nach Glück mit der Erinnerung an jenes Paradies zusammenhängt, aus dem wir bei der Geburt vertrieben wurden. Dies würde auch erklären, warum sich für so viele – darunter Albert Camus – mit dem Aufenthalt und der Fortbewegung im Wasser höchste Glücksgefühle verbinden. Der Schriftsteller John von Düffel (Debüt 1999 mit dem Roman *Vom Wasser*) kommentiert sein tägliches Schwimmpensum folgendermaßen:

Zeit ist die Zahl der Bewegung, heißt es bei Aristoteles, aber in der Zwiesprache von Wasser und Körper gibt es ein anderes Maß, das sich einstellt auf den langen, unzählbaren Strecken. Und es macht mich vielleicht nicht besser, aber glücklich, die Zeit zum Verschwinden zu bringen in dem unaufhörlichen Ineinander von Wasser, Bewegung und Atem – für die dauerlosen Momente in einem anderen Element. Seit ich gefragt worden bin, wie schnell ich auf dreitausend Meter schwimme, weiß ich, was mich glücklich macht. Es macht mich glücklich, genau das nicht zu wissen und aus der Zeit zu schwimmen, jeden Tag. Für anderthalb Stunden.

Dieses Glück, dem Maß der Zeit für eine Weile zu entrinnen und im Wasser ein Stück Ewigkeit einzufangen, deutet Brigitta La Roche als ein Gefühl, das sich der Rückkehr in den Mutterschoß verdankt. Sie beschreibt »die Wonnen von Saturnia«, einem Thermalbad in der Toskana, als einen nicht mehr steigerbaren Genuss: »Schwerelos schwebe ich im körperwarmen Bad. Urmeer, Mutterleib, Fruchtwasser? Eine halbe Stunde

Glück, eine Erinnerung ans Paradies. [...] Aqua-Relaxation ist zum Weinen schön, schon wegen dieser Seligkeit lohnt sich eine Reise nach Saturnia.« Nicht von ungefähr werben die unzähligen, in den letzten Jahren neu entstandenen Wellness-Center mit Angeboten, die mit Wasser, Ölen, Dämpfen, Farben, Gerüchen und sanften Massagetechniken Streicheleinheiten für den Körper versprechen, deren Auswirkungen bis in die gestresste Seele hineinreichen.

Das Glück, so hat sich gezeigt, ist die einzige Humanressource, die unerschöpflich ist – mit Ausnahme der Liebe, die ihrerseits eine stets erneuerbare Quelle des Glücks ist. So hat der Popmusiker Herbert Grönemeyer kürzlich im Jugendmagazin *Jetzt* in einem Interview verschiedene Liebesbeziehungen als Glückserlebnisse geschildert. Von der ersten Liebe ist ihm ein Gefühl ungeheuren Glücks in Erinnerung geblieben, das er mit den Ausdrücken Leichtigkeit und Leichtfüßigkeit beschreibt. Die Liebe als solche vergleicht er mit einem chemischen Vorgang, in dem eine Art Gas entsteht, das lauter Glücksexplosionen erzeugt.

Liebe ist, wenn beide in der gleichen Minute beim jeweils anderen so ein Glück hervorbringen. Und sicherlich gibt einem das Gefühl, dass man geliebt wird oder jemanden liebt, immer wieder die Möglichkeit, dieses Glücksgefühl im eigenen Kopf herzustellen. Man kann das dann immer wieder rausholen aus der Schublade, auch wenn man den anderen gerade nicht sieht. Ich glaube, Liebe ist die optimalste Möglichkeit, Momente dieser Glücksexplosionen herzustellen.

Auf die Frage, ob Liebe sich denn letztlich wirklich lohne, wenn sie stets den möglichen Verlust der Partnerin oder des Partners gewärtigen müsse und daher nicht ohne Schmerz zu haben sei, antwortet Grönemeyer:

Das ist die zentrale Frage. Tut man besser daran, nicht zu lieben, dann hat man auch den Schmerz nicht? Aber das führt früher oder später zu einer Austrocknung und zu nacktem Zynismus. Ich glaube einfach, diese Momente, in denen so etwas entsteht, diese Glücksexplosionen, die braucht der Mensch, um zu existieren. Wenn er sich davon abschneidet, schneidet er sich im Grunde genommen vom Leben überhaupt ab. Man bleibt jedenfalls lebendiger mit dem Glück auf der einen Seite und dem Schmerz auf der anderen.

Glück und Schmerz bilden einen Spannungsbogen, ohne den das Leben in sich zusammenfällt. Dies gilt für alle Varianten des Glücks, nicht nur für die Liebe: Das Glück ist immer gefährdet. Schon aufgrund seiner Gefühlsintensität reicht es an den Schmerz heran, und der Übergang ist oft fließend. Aber auf das Glück zu verzichten, um den Schmerz zu vermeiden, kann nur eine vorübergehende Strategie zum Zweck des Selbstschutzes sein. Auf Dauer würde man sich dadurch seiner Lebensqualität berauben und an einer Langeweile zugrunde gehen, die das genaue Gegenstück zu jener Langeweile ist, die sich bei einem pausenlosen Glück einstellt. Während ein immerwährendes Glück die Fähigkeit, Glück zu empfinden, abstumpft, führt die durch Glücksverzicht erwirkte Schmerzfreiheit einen Zustand herbei, der keine Höhen und Tiefen mehr kennt, weil alles in einer gleichförmigen Routine erstarrt ist, an der krampfhaft festgehalten wird. In beiden Fällen entsteht Langeweile aufgrund der fehlenden Spannung, weil man entweder – beim permanent vorhandenen Glück – weiß, was kommt, nämlich immer dasselbe, oder weil man – beim Verzicht auf Glück – nicht wissen will, was kommt, und sich mit dem bescheidet, was man hat.

Wie es zugeht, wenn das menschliche Begehren zum Erliegen kommt, hat Thomas Assheuer kürzlich in der *Zeit* in einem

ironischen Kommentar zum Experiment amerikanischer Robo-
tik-Spezialisten beschrieben, die ein glückliches Roboterwesen
geschaffen haben, das sich selbst begehrt und fortpflanzt.

Wann immer es ihm gefällt, hält der Automat Zwiesprache,
erschafft aus einer Metallrippe eine Gefährtin und begehrt
sie naturgemäß aus der Tiefe seines Programms. Und alles
wird gut. [...] Während Roboter in ihrer Wollust nicht zu
zügeln sind, begnügen sich die dazugehörigen Menschen mit
erotischer Selbstbewirtschaftung und maschinellen Übungen. Wenn überhaupt, dann steigen die Chimären der Lust
nur kurz an die Oberfläche des Alltags, um nach Vollzug
einzutauchen ins große Meer der Gleichgültigkeit. [...] Bekanntlich begehrt man immer nur das Begehren des Anderen,
aber offenbar ist die humane Einbildungskraft derart beschä-
digt, dass nun Roboter als die letzten wahrhaft begehrenden
Wesen erscheinen.

Um das Begehren neu zu entfachen, hat eine ganze Industrie
sich auf die Produktion von Stimulanzien und Glücksgütern
verlegt, die die erschlafften Zeitgenossinnen und -genossen »fit
for fun« machen sollen, um eine Spaßgesellschaft zu erzeugen,
in der alle high und happy sind. Vergessen wird dabei, dass man
das Glück nicht aus den Menschen heraus- oder in sie hinein-
kitzeln kann, sondern dass in ihnen selbst die Quelle des Glücks
liegt, die nicht versiegt, wenn man sich nur darauf besinnt, wie
sie zum Sprudeln gebracht werden kann.

Trotz der prinzipiellen Unerschöpflichkeit der Humanressource Glück liegt das Glück nicht auf der Straße. Es ist auch
nicht »immer da«, sodass man nur die Hand nach ihm ausstre-
cken muss, wie Goethe meinte. Man muss schon etwas mehr tun,
um glücklich zu werden und es zu bleiben. Andererseits entzieht sich das Glück, wenn man verbissen danach sucht, anstatt
es beharrlich anzustreben und sich auch über Teilerfolge zu

freuen. Wer nur auf das große Glück aus ist oder gleich die ganze Menschheit beglücken will, muss mit Enttäuschungen rechnen. Die tausend kleinen Glücksmomente sind es, die den Glückspegel konstant halten und für gute Laune sorgen, deren hohe Ansteckungsgefahr überall willkommen ist. Gut gelaunte Menschen verbreiten um sich herum ein Klima der Lebensfreude, die die Nöte des Alltags durch Lachen vertreibt. Lachen ist gewissermaßen Glück light. Es macht unbeschwert und lässt die Sorgen vergessen. Lachen entspannt und verbindet, obwohl das individuelle Glück einzigartig ist und entsprechend immer nur je meines sein kann. Daher genießt der Kenner – und schweigt. Er hat nichts mitzuteilen. Aber seine Freude überträgt sich gleichwohl auf die anderen, die sich von ihm mitreißen lassen und ihr eigenes Glückspotenzial aktivieren. Das Lachen ist Indiz für einen Gemütszustand, in dem der Mensch ganz aus sich heraustritt und doch zugleich bei sich selbst ist: Er ist glücklich.

Laotse

Schaffe Leere bis zum Höchsten

Schaffe Leere bis zum Höchsten!
Wahre die Stille bis zum Völligsten!
Alle Dinge mögen sich dann zugleich erheben.
Ich schaue, wie sie sich wenden.
Die Dinge in all ihrer Menge,
ein jedes kehrt zurück zu seiner Wurzel.
Rückkehr zur Wurzel heißt Stille.
Stille heißt Wendung zum Schicksal.
Wendung zum Schicksal heißt Ewigkeit.
Erkenntnis der Ewigkeit heißt Klarheit.

Erkennt man das Ewige nicht,
so kommt man in Wirrnis und Sünde.
Erkennt man das Ewige,
so wird man duldsam.
Duldsamkeit führt zur Gerechtigkeit.
Gerechtigkeit führt zur Herrschaft.
Herrschaft führt zum Himmel.
Himmel führt zum SINN.
SINN führt zur Dauer.
Sein Leben lang kommt man nicht in Gefahr.

Michel de Montaigne

Philosophieren heißt sterben lernen

Der Tod ist unvermeidlich. Alle steuern wir dem gleichen Ziele zu; für jeden wird sein Los in der Urne geschüttelt, bis es früher oder später herausspringt und wir mit dem Kahn in die ewige Verbannung fahren müssen.

Infolgedessen ist der Tod, wenn wir ihn fürchten, eine dauernde Beunruhigung für uns; diese Last kann uns nicht abgenommen werden. Von allen Seiten kann er uns überfallen; es nützt nichts, wenn wir, wie in verdächtigem Gelände, den Kopf unaufhörlich hierhin und dorthin drehen: er hängt immer über uns, wie der Felsblock über dem Haupte des Tantalus. ...

Das Ziel unseres Lebenslaufes ist der Tod; zwangsweise richten wir unseren Blick auf ihn: Wenn er uns erschreckt, wie können wir da einen Schritt ohne Schaudern gehen? Was tut der gemeine Mann dagegen? Er denkt nicht daran; aber welch tierischer Stumpfsinn gehört dazu, einer so groben Verblendung zu erliegen! ...

Es ist gerade erst 14 Tage her, daß ich 39 Jahre alt geworden bin: Ich müßte eigentlich wenigstens noch einmal so alt werden. Ist es nicht Torheit, sich um etwas so Fernes Sorgen zu machen? Aber wie steht es in Wirklichkeit? Junge und Alte müssen in gleicher Weise ihr Leben lassen; außerdem denkt jeder Mensch, und wenn er noch so altersschwach ist, weil er sich mit Methusalem vergleicht, er habe noch mindestens 20 Jahre im Leibe. Und dann, du armer Narr, wer hat dir denn die wahrscheinliche Lebensdauer vorgerechnet? Du stützt dich auf die Märchen der Ärzte: Sieh lieber hin, wie es wirklich aussieht und was die Erfahrung lehrt. Im Vergleich mit dem Durchschnitt ist dir schon seit einiger Zeit eine ungewöhnliche Gunst zuteil geworden, daß du noch lebst: Du hast die normale Lebensfrist schon überschritten. Wenn du dich überzeugen willst, daß das wirklich so ist, zähle einmal unter deinen Bekannten nach, wieviel zahlreicher die sind, die vor deinem Alter gestorben sind, als die, die es erreicht haben. Selbst wenn du die Männer nimmst, auf deren Leben der Glanz des Ruhmes liegt, lege einmal eine Liste von ihnen an: Ich wette, mehr von ihnen sind vor als nach dem 35. Jahr gestorben. Es ist vernünftig und fromm zugleich, das Erdenleben Jesu Christi als Beispiel zu nehmen: Sein Leben endete bekanntlich mit 33 Jahren. Der größte Mensch, der einfach Mensch war, Alexander, starb auch in diesem Alter.

In wieviel überraschenden Gestalten tritt der Tod auf! Ich denke jetzt nicht an Fieberkrankheiten und Lungenentzündungen: Wer hätte es für möglich gehalten, daß ein Herzog der Bretagne im Volksgewühl erdrückt werden könnte, wie Johann II. beim Einzug des Papstes Clemens V., meines Nachbarn, in Lyon? Hat man nicht erlebt, daß ein französischer König beim Turnierspiel den Tod fand? Und starb nicht einer seiner Vorfahren gespießt von einem Eber? Aischylos wäre zuerst beinahe von einem einstürzenden Haus verschüttet worden; er entkommt und ist auf seiner Hut; da fällt auf ihn eine Schildkröte, die ein Adler hoch in der Luft aus seinen Fängen verloren hatte, und erschlägt ihn. (...)

Wenn wir uns solche Beispiele vergegenwärtigen, die häufig ja ganz gewöhnlich sind, wie ist es da möglich, daß man vom Gedanken an den Tod *loskommen* könnte? Müssen wir doch immer wieder neu den Eindruck gewinnen, daß er uns am Kragen packt.

Vielleicht kann man sagen: Das ist ja möglich, aber was schadet das, wenn man sich davon nicht anfechten läßt? Einverstanden; wenn es gelingt, sich gegen die Schläge zu decken, ganz gleich wie, und müßte ich unter ein Kalbsfell kriechen, ich würde kein Mittel scheuen; ich will weiter nichts als mit heiler Haut davonkommen, und jede Chance, die sich mir bietet, ergreife ich, auch wenn das, was ich da tun muß, durchaus nicht rühmlich oder vorbildlich ist. »Ich möchte lieber für übergeschnappt oder dämlich gelten, wenn das, was ich anstelle, mir Spaß macht, oder wenn ich nicht merke, daß es verkehrt ist, als vernünftig sein und dabei mich unglücklich fühlen.«

Aber es wäre Torheit, zu denken, man könne auf diesem Wege das Ziel erreichen. Solche Menschen laufen hin und her, sie rennen, sie tanzen; vom Tod ist nicht die Rede. Soweit ist es ganz schön; aber dann, wenn der Tod kommt, zu ihnen oder zu ihren Frauen, Kindern und Freunden, und sie plötzlich überfällt, ohne daß es eine Deckung gibt, da krümmen sie sich und schreien vor Wut, weil die Verzweiflung sie packt. Sie sind vollständig niedergebrochen, verstört, wie umgewandelt. Dagegen muß man rechtzeitig etwas tun. Die Beruhigung durch die viehische Gleichgültigkeit ist zu teuer erkauft; ich finde es ja auch ganz unmöglich, daß ein vernünftiger Mensch sich ihr überläßt. Wenn der Tod wäre wie ein Feind, dem man ausweichen kann, würde ich geradezu empfehlen, die Feigheit als Waffe zu benutzen: Aber da das nun eben nicht angeht, und er dich ebenso trifft, wenn du ihm feige zu entfliehen suchst wie wenn du ihm männlich entgegentrittst, »Er holt den Fliehenden ein und schont auch die nicht, die zum Kriegsdienst noch zu jung sind oder die der Gefahr den Rücken kehren«, und da auch die stärkste Sicherung uns nicht vor ihm schützen kann, wollen wir lieber lernen, wie wir ihm entgegentreten und mit ihm fertigwerden können: zunächst, wenn wir ihn um den Hauptvorteil, den er uns gegenüber hat, bringen wollen, müssen wir gerade den umgekehrten Weg einschlagen, als es gewöhnlich geschieht; wir müssen versuchen, ihm seine furchtbare Fremdartigkeit zu nehmen, mit Geschick an ihn heranzukommen, uns an ihn zu gewöhnen, nichts anderes so oft wie den Tod im Kopf zu haben, ihn uns in unserer Phantasie immer wieder in den verschiedensten Erscheinungsformen auszumalen; wenn ein Pferd stolpert, wenn ein Ziegel vom Dach fällt, wenn ich mich irgendwie steche, immer wieder sage ich mir dann: »So, und wenn das nun der Tod selber wäre!« Darauf können wir mit trotziger, mit männlicher Haltung reagieren. Im lauten Jubel und in der stillen Freude, immer können wir einen Ton hören, der uns mahnt, was der Mensch ist; wenn wir noch so sehr genießen, immer einmal sollten wir dann doch daran denken, wie diese Fröhlichkeit rings vom Tod bedroht ist, wie leicht er da hineingreifen kann. So dachten die alten Ägypter: Beim Fest, wenn es am höchsten herging, ließen sie ein Menschengerippe in den Saal tragen, als Mahnung für die Gäste.

»Denke, daß jeder Tag der letzte sein kann, der dir leuchtet; die Stunden, mit denen du nicht fest gerechnet hast, werden dir dann besonders lieb sein.«

Wo der Tod auf uns wartet, ist unbestimmt; wir wollen überall auf ihn gefaßt sein. Sich in Gedanken auf den Tod einrichten, heißt sich auf die Freiheit einrichten; wer zu sterben gelernt hat, den drückt *kein* Dienst mehr: Nichts mehr ist schlimm im Leben für denjenigen, dem die Erkenntnis aufgegangen ist, daß es kein Unglück ist, nicht mehr zu leben. Sterbenkönnen befreit uns von aller Knechtschaft, von allem Zwang. Der König von Mazedonien war in römische Gefangenschaft geraten; er sandte an Aemilius Paulus einen Boten mit der untertänigen Bitte, ihm die Schmach des Triumphzuges zu ersparen. Dieser antwortete: »Dies Gesuch soll er an sich selbst richten.«

Freilich bringt uns alle Feinheit und alle Bemühung nicht recht vorwärts, wenn unsere Naturanlage nicht in demselben Sinne wirkt. Ich bin nicht melancholisch veranlagt, sondern grüblerisch: Nichts ist mir, schon seit immer, so im Kopf herumgegangen wie Todesgedanken, auch in der liederlichsten Jugendzeit. ... Einmal, in lustiger Damengesellschaft, glaubten meine Gefährten, ich wäre deshalb etwas benommen, weil ich im geheimen eifersüchtigen oder hoffnungsvollen Gedanken nachhinge, während ich in Wirklichkeit daran dachte, wie ein Bekannter vor kurzem an einem Fieberanfall gestorben war, nach einem ganz ähnlichen Fest, noch ganz erfüllt von Liebesgedanken und sorgloser Fröhlichkeit. Mir klang der Vers im Ohr: »Auch das geht vorüber, und nie können wir die schöne Gegenwart später zurückrufen.« Aber dieser Gedanke bekümmerte mich im Grunde nicht mehr als irgendein anderer. Zunächst müssen uns solche Vorstellungen natürlich weh tun; aber allmählich, wenn man sie immer wieder vornimmt, verlieren sie bestimmt ihre Schrecken; sonst hätte ich ja dauernd in wahnsinniger Angst leben müssen, denn die selbstverständliche Lebenssicherheit anderer Menschen besaß ich durchaus nicht; nie rechnete ich damit, daß ich lange leben würde. Diese Hoffnung wird nicht größer, wenn ich gesund bin – und bis jetzt habe ich mich einer sehr kräftigen und selten unterbrochnen Gesundheit erfreut –, und sie wird nicht kleiner, wenn ich krank bin; jeden Augenblick halte ich es für möglich, daß ich plötzlich nicht mehr da bin. Deshalb wiederhole ich mir immer das Wort: »Was einmal geschehen kann, kann auch heute geschehen.« Eigentlich muß man sich doch sagen: Zufall und Gefahr bringen uns wenig oder gar nicht näher an unser Lebensende heran; und wenn wir in einer besonders bedrohlich scheinenden Lage daran denken, wieviel Millionen Gefahren außerdem noch über unserem Haupte schweben, da müssen wir doch finden, daß der Tod uns immer gleich nahe ist, ob wir kerngesund oder fieberkrank sind, auf der See oder in unserer Wohnung, in der Schlacht oder in ruhiger Sicherheit uns befinden: Alle sind gleich gebrechlich; keiner ist sicherer als die anderen, daß er den nächsten Tag erleben wird. Werde ich wohl genügend Zeit haben, das zu erledigen, was noch vor meinem Tode fertig werden muß, auch wenn es nur eine Stunde dauert?

Vor kurzem blätterte ein Bekannter in meinen Notizen; da fand er etwas aufgeschrieben, was nach meinem Tode geschehen sollte: Diese Anordnung hatte ich, so erzählte ich ihm wahrheitsgemäß, eilig auf dieses Blatt geschrieben, weil ich nicht ganz überzeugt war, ob ich lebend heimkehren würde; und doch war ich damals vollständig gesund und wohl und nur eine Stunde weit von meinem Haus entfernt. ...

Wir sollten, soweit das von uns abhängt, immer fertig und marschbereit sein; vor allem sollten wir es so einrichten, daß wir es dann nur mit uns zu tun haben; der Schritt, der uns bevorsteht, ist schwer genug, wir sollten uns nicht zusätzlich belasten. Da klagt zum Beispiel einer, mehr als über das Sterben selbst, darüber, daß er um einen schönen Sieg gebracht würde, ein anderer, daß er Abschied nehmen muß, ehe er seine Tochter verheiratet oder die Erziehung seiner Kinder abgeschlossen hat; der eine trauert, daß er mit seiner Frau, der andere, daß er mit seinem Sohn nicht mehr zusammen sein kann, was für ihn den wesentlichen Lebensinhalt gebildet hatte. Ich sehe, Gott sei Dank, meiner Todesstunde so gefaßt entgegen, daß ich gehen kann, wenn es ihm gefällt, ohne daß mir der Abschied von irgend etwas schwer würde. Ich löse allmählich alle Bindungen. Von allen kann ich leicht Abschied nehmen außer von mir. Niemals hat sich wohl jemand so absolut und so vollständig darauf eingestellt, daß er der Welt Lebewohl sagen muß, wie ich, und sich so allseitig von ihr gelöst. Der Tod ist am selbstverständlichsten, wenn man schon vorher möglichst tot ist. ...

Wir sind zum Schaffen geboren: »Der Tod soll mich mitten in der Arbeit holen.« Ich bejahe jede Tätigkeit, man soll die Lebensarbeit so lange fortsetzen wie man kann; ich habe nichts dagegen, daß der Tod mich bei der Gartenarbeit überrascht, aber er soll mich nicht schrecken; und noch weniger soll es mich traurig machen, daß ich mit dem Garten nicht fertig geworden bin. Einer meiner Bekannten klagte im Todeskampf immer von neuem, daß das Schicksal ihm die Fertigstellung einer geschichtlichen Untersuchung über den 15. oder 16. unserer Könige verwehrte. ... Solche Launen sind unedel und schädlich. Wie die Friedhöfe neben den Kirchen und gewöhnlich in den verkehrsreichsten Teilen der Stadt angelegt sind, um das Volk, wie Lykurg sagt, die Frauen und Kinder daran zu gewöhnen, daß sie sich vor einem Toten nicht gruseln, und damit wir durch den ständigen Anblick von Gerippen, Gräbern und Leichenzügen an unsere Sterblichkeit gemahnt werden; und wie bei den Ägyptern, am Ende der Feste, ein Ausrufer den Versammelten ein großes Gerippe hinhielt mit dem Ruf: »Trink und sei fröhlich, denn wenn du tot bist, siehst du so aus«: So habe ich mich daran gewöhnt, den Tod vor mir zu haben; ich denke nicht nur an ihn, sondern ich rede auch fortgesetzt von ihm. ...

Wenn man so vorher an den Tod denkt, ist man gegen ihn zweifellos besser gewappnet; und dann ist es doch auch schon ein Gewinn, wenn wir den Weg bis zu ihm hin ohne Aufregung und ohne Angst gehen können. Die Natur hilft uns bei dieser Aufgabe und gibt uns Mut. Wenn uns ein plötzlicher gewaltsamer Tod bevorsteht, bleibt uns keine Zeit zur Todesfurcht. Wenn uns aber ein langsamer Tod erwartet, so zeigt mir die Erfahrung, daß die Lebenslust ganz natürlich in dem Maße abnimmt, wie ich der Krankheit allmählich verfalle. Es fällt mir sicher schwerer, mich zur Todesbereitschaft zu entschließen, wenn ich gesund bin, als wenn ich mit Fieber im Bett liege; denn dann lockt mich das, was das Leben Schönes bietet, nicht mehr so, da ich es doch nicht mehr recht zur Verfügung habe und mich nicht mehr recht daran freuen kann; deshalb erscheint mir dann das Bild des Todes viel weniger fürchterlich. …

Eine dauernde Veränderung und ein allmähliches Absinken unserer Lebenskraft bleiben niemandem erspart; die Natur hat es aber so eingerichtet, daß wir nicht sehen, was wir verloren haben und wie es mit uns abwärts geht. Das wollen wir uns einmal vor Augen führen. Was bleibt einem Greis von der Kraft seiner Jugend, seines Lebens?

»Ach, wie klein ist der Rest des Lebens, der den Alten geblieben ist!« (Seneca) Wenn wir auf einmal so tief herunterstürzten, so würden wir, glaube ich, nicht imstande sein, einen solchen Wechsel zu ertragen. Aber die Natur rollt uns auf einer Bahn, die sich langsam und kaum merklich senkt, allmählich, stufenweise hinab in das Elend des Alters, so daß wir es hinnehmen und keinen Stoß fühlen, wenn die Jugend in uns stirbt; und doch ist dies eigentlich und in Wahrheit ein härterer Tod als das endgültige Erlöschen eines matten Lebens und als das Sterben aus Altersschwäche. Ist doch der Sprung vom Elend ins Nichtsein nicht so hart wie der von der blühenden Jugendkraft in ein schmerzensreiches, kümmerliches Altern. Bekanntlich hat man in krummer, gebückter Haltung weniger Kraft zum Lastentragen. So geht es auch der Seele; wir müssen sie aufrichten und straffen gegen den Druck dieses Widersachers. (…)

Es ist ja auch Torheit, wenn wir unter diesem Druck leiden aus Angst vor dem Augenblick, der uns von jedem Druck befreien wird. Wie alle Dinge für uns aufwachten, als wir geboren wurden, so wird alles für uns sterben, wenn wir sterben. Deshalb ist es gleich sinnlos, zu weinen, weil wir in hundert Jahren nicht mehr leben werden, wie darüber zu weinen, daß wir vor hundert Jahren noch nicht am Leben waren. Mit dem Tod beginnt eine ganz andere Existenz; auch in das Erdenleben sind wir mit Tränen und Schmerzen eingegangen; auch bei diesem Neubeginn mußten wir den Schleier des Geheimnisses ablegen, der uns vorher unsere Zukunft verhüllte.

Alles Einmalige ist nicht schwer zu ertragen. Ist es vernünftig, so lange sich vor etwas zu fürchten, was so kurz dauert? Lange Zeit leben und kurze Zeit leben, durch den Tod wird das alles gleich gemacht. Denn die Begriffe lang und kurz haben keinen Sinn, bezogen auf Dinge, die nicht mehr sind. Aristoteles spricht von kleinen Tieren, die am Fluß Hypanis leben und die nur einen Tag alt werden; wenn ein solches Tier früh um 8 Uhr stirbt, so stirbt es jung; stirbt es nachmittags 5 Uhr, so ist es vor dem Sterben schon altersschwach. Jeder von uns findet es komisch, wenn man auf diese Momentdauer unsere Vorstellungen von Glück und Unglück anwenden wollte. Ebenso lächerlich ist der Gegensatz von mehr oder weniger in der Spanne unseres Lebens, wenn wir seine Dauer mit der Ewigkeit vergleichen, oder auch nur mit der der Berge, der Flüsse, der Sterne, der Bäume, ja selbst mancher Tiere.

Die Natur zwingt uns zu dieser Haltung. Sie spricht zu uns: »Wie du in die Welt gekommen bist, so mußt du wieder aus ihr fort. Der Übergang vom Tode zum Leben, der dir kein Leiden und keine Schrecken gebracht hat, den brauchst du nur zu wiederholen, als Übergang vom Leben zum Tod. Dein Tod gliedert sich in die Weltordnung ein; es ist ein Stück Leben dieser Welt. ... Dies euer Leben, dessen ihr euch erfreut, ist in gleiche Teile geteilt, es gehört ebenso dem Tode wie dem Leben. Schon am ersten Tag nach eurer Geburt beginnt die Wanderung auf das Sterben wie auf das Leben zu.« »Schon bei der Geburt beginnt der Tod: Und das Ende ist mit dem Anfang unlösbar verbunden.« Jeder gelebte Moment wird dem Gesamtleben gestohlen; von ihm wird er abgezogen. Euer ganzes Leben lang baut ihr am Tode. Ihr seid schon im Tode, wenn ihr lebt; denn wenn ihr nicht mehr lebt, seid ihr jenseits des Todes, oder, wenn das besser klingt, seid ihr tot jenseits des Lebens; aber während der ganzen Lebenszeit seid ihr schon beim Sterben; und der Tod trifft den Sterbenden viel härter als den Toten; für ihn ist er fühlbarer und wirklicher.

Wenn ihr das Leben genutzt habt, könnt ihr gesättigt und befriedigt scheiden. Und wenn ihr nichts damit habt anfangen können, wenn ihr es nutzlos vertan habt, da kann es euch doch erst recht gleichgültig sein, wenn es weg ist; was wollt ihr denn noch damit?

An sich ist das Leben nichts Gutes und nichts Böses; es ist der Hintergrund, auf dem ihr selbst Gutes und Böses anbringen könnt. Und wenn ihr einen Tag gelebt habt, habt ihr alles gesehen, was zu sehen ist: Ein Tag ist wie alle anderen Tage. Das Licht und die Nacht sind immer die gleichen, es gibt keine anderen: Unsere Sonne, unser Mond, unsere Sterne, unser Weltgebäude, es ist alles das gleiche, an dem sich eure Vorfahren erfreut haben und das auch eure Urenkel wieder erfreuen wird. Höchstens in einem Jahre läuft alles ab, was die Akte meiner Komödie an Abwechslungen und Verschiedenheiten aufweisen; wenn ihr aufmerksam zugesehen habt, wie meine vier Jahreszeiten vorüberziehn, so habt ihr erkennen können, daß darin Kindesalter, Jünglingsalter, Mannesalter und Greisenalter der Welt dargestellt sind. Das Spiel der Welt ist damit aus; es fällt ihr keine andre Idee ein, als es noch einmal ablaufen zu lassen; es bleibt immer das gleiche. ...

Beim Tode, wann er auch eintritt, ist euer ganzes Leben zu Ende. Man kann den Wert eines Lebens nicht nach der Länge messen; er ist vom Inhalt abhängig. Manches lange Leben ist inhaltlos. Nutzt es, solange ihr es in den Händen habt: Von eurem Entschluß, nicht von der Lebensdauer hängt es ab, ob ihr euch mit dem Gedanken abfindet: Wir haben genug gelebt. Ihr konntet doch nicht erwarten, daß ihr das Ziel, auf das ihr immer zugingt, nie erreichen würdet? ...

Wozu willst du zurückweichen, wo du doch nicht endgültig ausweichen kannst? Viele waren glücklich, daß sie sterben durften, wenn dadurch großes Elend von ihnen genommen wurde: Habt ihr aber jemals jemanden gesehen, dem das Sterben schlecht bekommen wäre? Und doch ist es eigentlich recht einfältig, etwas abzulehnen, worüber keine Erfahrungen vorliegen, weder eure eigenen Erfahrungen, noch die von anderen. Warum beklagst du dich über mich [die Natur] und über das Schicksal? Betrügen wir dich? Sollen wir uns nach dir richten oder du dich nach uns? (...)

Chiron lehnte die Unsterblichkeit ab; sein Vater Saturn, der Gott der Zeit und der Dauer selbst, hatte ihn darüber aufgeklärt, wie es um sie stehe. In der Tat, du brauchst dir nur zu überlegen, wieviel härter und unerträglicher ein Leben, das nie ein Ende nähme, für die Menschen sein müßte, als das Leben ist, das ich ihnen gegeben habe. Hättet ihr den Tod nicht, so würdet ihr mich dauernd verfluchen, daß ich ihn euch vorenthalten hätte: Ich habe dem Tod absichtlich einen etwas bitteren Geschmack gegeben, damit ihr nicht zu gierig und unbesonnen nach ihm greift, wenn ihr seht, wie einfach durch ihn alles erledigt wird. ... Warum fürchtest du deinen letzten Tag? Er ist kein größerer Schritt zu deinem Tode als alle anderen Tage: Die Müdigkeit wird nicht durch den letzten Schritt verursacht; sie wird nur sichtbar bei ihm. Alle Tage wandern wir zum Tode; am letzten Tag kommen wir am Ziel an. So lauten die guten Lehren unserer Mutter Natur.

Wilhelm Busch

Der Vogel auf dem Leim

Es sitzt ein Vogel auf dem Leim,
Er flattert sehr und kann nicht heim.
Ein schwarzer Kater schleicht herzu,
Die Krallen scharf, die Augen gluh.
Am Baum hinauf und immer höher
Kommt er dem armen Vogel näher.

Der Vogel denkt: Weil das so ist
Und weil mich doch der Kater frißt,
So will ich keine Zeit verlieren,
Will noch ein wenig quinquilieren
Und lustig pfeifen wie zuvor.
Der Vogel, scheint mir, hat Humor.

Immanuel Kant

Das Ende aller Dinge

Es ist ein, vornehmlich in der frommen Sprache, üblicher Ausdruck, einen sterbenden Menschen sprechen zu lassen: er gehe
aus der Zeit in die Ewigkeit.

Dieser Ausdruck würde in der Tat nichts sagen, wenn hier
unter der *Ewigkeit* eine ins Unendliche fortgehende Zeit verstanden werden sollte; denn da käme ja der Mensch nie aus der
Zeit heraus, sondern ginge nur immer aus einer in die andre
fort. Also muß damit ein *Ende aller Zeit* bei ununterbrochener Fortdauer des Menschen, diese Dauer aber (sein Dasein als

Größe betrachtet) doch auch als eine mit der Zeit ganz unvergleichbare Größe (duratio noumenon) gemeint sein, von der wir uns freilich keinen (als bloß negativen) Begriff machen können. Dieser Gedanke hat etwas Grausendes in sich: weil er gleichsam an den Rand eines Abgrunds führt, aus welchem für den, der darin versinkt, keine Wiederkehr möglich ist (»Ihn aber hält am ernsten Orte, Der nichts zurücke läßt, Die Ewigkeit mit starken Armen fest.« *Haller*); und doch auch etwas Anziehendes: denn man kann nicht aufhören, sein zurückgeschrecktes Auge immer wiederum darauf zu wenden (nequeunt expleri corda tuendo. *Virgil*). Es ist furchtbar-*erhaben:* zum Teil wegen seiner Dunkelheit, in der die Einbildungskraft mächtiger als beim hellen Licht zu wirken pflegt. Endlich muß er doch auch mit der allgemeinen Menschenvernunft auf wundersame Weise verwebt sein: weil er unter allen vernünftelnden Völkern, zu allen Zeiten, auf eine oder andere Art eingekleidet, angetroffen wird. – Indem wir nun den Übergang aus der Zeit in die Ewigkeit (diese Idee mag, theoretisch, als Erkenntnis-Erweiterung betrachtet, objektive Realität haben oder nicht), so wie ihn sich die Vernunft in moralischer Rücksicht selbst macht, verfolgen, stoßen wir auf das *Ende aller Dinge* als Zeitwesen und als Gegenstände möglicher Erfahrung: welches Ende aber in der moralischen Ordnung der Zwecke zugleich der Anfang einer Fortdauer eben dieser als *übersinnlicher,* folglich nicht unter Zeitbedingungen stehender Wesen ist, die also und deren Zustand keiner andern als moralischer Bestimmung ihrer Beschaffenheit fähig sein wird.

Tage sind gleichsam Kinder der Zeit, weil der folgende Tag mit dem, was er enthält, das Erzeugnis des vorigen ist. Wie nun das letzte Kind seiner Eltern jüngstes Kind genannt wird: so hat unsere Sprache beliebt, den letzten Tag (den Zeitpunkt, der alle Zeit beschließt) den *jüngsten Tag* zu nennen. Der jüngste Tag gehört also auch zur Zeit; denn es *geschieht* an ihm noch irgend etwas (nicht zur Ewigkeit, wo nichts mehr geschieht, weil das Zeitfortsetzung sein würde, Gehöriges): nämlich Ablegung der Rechnung der Menschen von ihrem Verhalten in ihrer ganzen Lebenszeit. Er ist ein *Gerichtstag;* das Begnadigungs- oder Verdammungsurteil des Weltrichters ist also das eigentliche Ende aller Dinge in der Zeit und zugleich der Anfang der (seligen oder unseligen) Ewigkeit, in welcher das jedem zugefallene Los so bleibt, wie es in dem Augenblick des Ausspruchs (der Sentenz) ihm zuteil ward. Also enthält der jüngste Tag auch das *jüngste Gericht* zugleich in sich. – Wenn nun zu *den letzten Dingen* noch das Ende der Welt, so wie sie in ihrer itzigen Gestalt erscheint, nämlich das Abfallen der Sterne vom Himmel als einem Gewölbe, der Einsturz dieses Himmels selbst (oder das Entweichen desselben als eines eingewickelten Buchs), das Verbrennen beider, die Schöpfung eines neuen Himmels und einer neuen Erde zum Sitz der Seligen und der Hölle zu dem der Verdammten, gezählt werden sollten: so würde jener Gerichtstag freilich nicht der jüngste Tag sein; sondern es würden noch verschiedne andre auf ihn folgen. Allein da die Idee eines Endes aller Dinge ihren Ursprung nicht von dem Vernünfteln über den *physischen,* sondern über den *moralischen* Lauf der Dinge in der Welt hernimmt und dadurch allein veranlaßt wird; der letztere auch allein auf das Übersinnliche (welches nur am Moralischen verständlich ist), dergleichen die Idee der Ewigkeit ist, bezogen werden kann: so muß die Vorstellung jener letzten Dinge, die *nach* dem jüngsten Tage kommen sollen, nur als eine Versinnlichung des letztern samt seinen moralischen, uns übrigens nicht theoretisch begreiflichen Folgen angesehen werden.

Es ist aber anzumerken, daß es von den ältesten Zeiten her zwei die künftige Ewigkeit betreffende Systeme gegeben hat: eines, das der *Unitarier,* derselben, welche allen Menschen (durch mehr oder weniger lange Büßungen gereinigt) die ewige Seligkeit, das andere, das der *Dualisten,* welche *einigen* Auserwählten die Seligkeit, allen übrigen aber die ewige Verdammnis zusprechen. Denn ein System, wonach alle *verdammt* zu sein bestimmt wären, könnte wohl nicht Platz finden, weil sonst kein rechtfertigender Grund da wäre, warum sie überhaupt wären erschaffen worden; die *Vernichtung* aller aber eine verfehlte Weisheit anzeigen würde, die, mit ihrem eignem Werk unzufrieden, kein ander Mittel weiß, den Mängeln desselben abzuhelfen, als es zu zerstören. – Den Dualisten steht indes immer ebendieselbe Schwierigkeit, welche hinderte, sich eine ewige Verdammung aller zu denken, im Wege: denn wozu, könnte man fragen, waren auch die Wenigen, warum auch nur ein Einziger geschaffen, wenn er nur dasein sollte, um ewig verworfen zu werden? welches doch ärger ist, als gar nicht sein.

Zwar soweit wir es einsehen, soweit wir uns selbst erforschen können, hat das dualistische System (aber nur unter *einem* höchstguten Urwesen) in *praktischer* Absicht für jeden Menschen, wie er sich selbst zu richten hat (obgleich nicht, wie er andre zu richten befugt ist), einen überwiegenden Grund in sich: denn so viel er sich kennt, läßt ihm die Vernunft keine andre Aussicht in die Ewigkeit übrig, als die ihm aus seinem bisher geführten Lebenswandel sein eigenes Gewissen am Ende des Lebens eröffnet. Aber zum *Dogma*, mithin um einen an sich selbst (objektiv) gültigen theoretischen Satz daraus zu machen, dazu ist es als bloßes Vernunfturteil bei weitem nicht hinreichend. Denn welcher Mensch kennt sich selbst, wer kennt andre so durch und durch, um zu entscheiden: ob, wenn er von den Ursachen seines vermeintlich wohlgeführten Lebenswandels alles, was man Verdienst des Glücks nennt, als sein angebornes gutartiges Temperament, die natürliche größere Stärke seiner obern Kräfte (des Verstandes und der Vernunft, um seine Triebe zu zähmen), überdem auch noch die Gelegenheit, wo ihm der Zufall glücklicherweise viele Versuchungen ersparte, die einen andern trafen; wenn er dies alles von seinem wirklichen Charakter absonderte (wie er das denn, um diesen gehörig zu würdigen, notwendig abrechnen muß, weil er es als

Glücksgeschenk seinem eigenen Verdienst nicht zuschreiben kann); wer will dann entscheiden, sage ich, ob vor dem allsehenden Auge eines Weltrichters ein Mensch, seinem innern moralischen Werte nach, überall noch irgendeinen Vorzug vor dem andern habe, und es so vielleicht nicht ein ungereimter Eigendünkel sein dürfte, bei dieser oberflächlichen Selbsterkenntnis zu seinem Vorteil über den moralischen Wert (und das verdiente Schicksal) seiner selbst sowohl als anderer irgendein Urteil zu sprechen. – Mithin scheint das System des Unitariers sowohl als des Dualisten, beides als Dogma betrachtet, das spekulative Vermögen der menschlichen Vernunft gänzlich zu übersteigen und alles uns dahin zurückzuführen, jene Vernunftideen schlechterdings nur auf die Bedingungen des praktischen Gebrauchs einzuschränken. Denn wir sehen doch nichts vor uns, das uns von unserm Schicksal in einer künftigen Welt itzt schon belehren könnte, als das Urteil unseres eignen Gewissens, d. i. was unser gegenwärtiger moralischer Zustand, soweit wir ihn kennen, uns darüber vernünftigerweise urteilen läßt: daß nämlich, welche Prinzipien unseres Lebenswandels wir bis zu dessen Ende in uns herrschend gefunden haben (sie seien die des Guten oder des Bösen), auch nach dem Tode fortfahren werden es zu sein; ohne daß wir eine Abänderung derselben in jener Zukunft anzunehmen den mindesten Grund haben. Mithin müßten wir uns auch der jenem Verdienste oder dieser Schuld angemessenen Folgen unter der Herrschaft des guten oder des bösen Prinzips für die Ewigkeit gewärtigen; in welcher Rücksicht es folglich weise ist, so zu handeln, *als ob* ein andres Leben und der moralische Zustand, mit dem wir das gegenwärtige endigen, samt seinen Folgen beim Eintritt in dasselbe unabänderlich sei. In praktischer Absicht wird also das anzunehmende System das dualistische sein müssen; ohne doch ausmachen zu wollen, welches von beiden in theoretischer und bloß spekulativer den Vorzug verdiene: zumal da das unitarische zu sehr in gleichgültige Sicherheit einzuwiegen scheint.

Warum erwarten aber die Menschen überhaupt *ein Ende* der Welt? und wenn dieses ihnen auch eingeräumt wird, warum eben ein Ende mit Schrecken (für den größten Teil des menschlichen Geschlechts)? ... Der Grund des *erstern* scheint darin zu liegen, weil die Vernunft ihnen sagt, daß die Dauer der Welt nur sofern einen Wert hat, als die vernünftigen Wesen in ihr dem Endzweck ihres Daseins gemäß sind, wenn dieser aber nicht erreicht werden sollte, die Schöpfung selbst ihnen zwecklos zu sein scheint: wie ein Schauspiel, das gar keinen Ausgang hat und keine vernünftige Absicht zu erkennen gibt. Das *letztere* gründet sich auf der Meinung von der verderbten Beschaffenheit des menschlichen Geschlechts, die bis zur Hoffnungslosigkeit groß sei; welchem ein Ende, und zwar ein schreckliches Ende zu machen, die einzige der höchsten Weisheit und Gerechtigkeit (dem größten Teil der Menschen nach) anständige Maßregel sei. – Daher sind auch die *Vorzeichen des jüngsten Tages* (denn wo läßt es eine durch große Erwartung erregte Einbildungskraft wohl an Zeichen und Wundern fehlen?) alle von der schrecklichen Art. Einige sehen sie in der überhandnehmenden Ungerechtigkeit, Unterdrückung der Armen durch übermütige Schwelgerei der Reichen und dem allgemeinen Verlust von Treu und Glauben; oder in den an allen Erdenden sich entzündenden blutigen Kriegen usw., mit einem Worte, an dem moralischen Verfall und der schnellen Zunahme aller Laster samt den sie begleitenden Übeln, dergleichen, wie sie wähnen, die vorige Zeit nie sah. Andre dagegen in ungewöhnlichen Naturveränderungen, an den Erdbeben, Stürmen und Überschwemmungen, oder Kometen und Luftzeichen.

In der Tat fühlen, nicht ohne Ursache, die Menschen die Last ihrer Existenz, ob sie gleich selbst die Ursache derselben sind. Der Grund davon scheint mir hierin zu liegen. – Natürlicherweise eilt in den Fortschritten des menschlichen Geschlechts die Kultur der Talente, der Geschicklichkeit und des Geschmacks (mit ihrer Folge, der Üppigkeit) der Entwicklung der

Moralität vor; und dieser Zustand ist gerade der lästigste und gefährlichste für Sittlichkeit sowohl als physisches Wohl: weil die Bedürfnisse viel stärker anwachsen als die Mittel, sie zu befriedigen. Aber die sittliche Anlage der Menschheit, die (wie *Horazens* poena, pede claudo) ihr immer nachhinkt, wird sie, die in ihrem eilfertigen Lauf sich selbst verfängt und oft stolpert, (wie man unter einem weisen Weltregierer wohl hoffen darf) dereinst überholen; und so sollte man selbst nach den Erfahrungsbeweisen des Vorzugs der Sittlichkeit in unserm Zeitalter in Vergleichung mit allen vorigen, wohl die Hoffnung nähren können, daß der jüngste Tag eher mit einer Eliasfahrt, als mit einer der Rotte Korah ähnlichen Höllenfahrt eintreten und das Ende aller Dinge auf Erden herbeiführen dürfte. Allein dieser heroische Glauben an die Tugend scheint doch subjektiv keinen so allgemeinkräftigen Einfluß auf die Gemüter zur Bekehrung zu haben, als der an einen mit Schrecken begleiteten Auftritt, der vor den letzten Dingen als vorhergehend gedacht wird.

Anmerkung

Da wir es hier bloß mit Ideen zu tun haben (oder damit spielen), die die Vernunft sich selbst schafft, wovon die Gegenstände (wenn sie deren haben) ganz über unsern Gesichtskreis hinausliegen, die indes, obzwar für die spekulative Erkenntnis überschwenglich, darum doch nicht in aller Beziehung für leer zu halten sind, sondern in praktischer Absicht uns von der gesetzgebenden Vernunft selbst an die Hand gegeben werden, nicht etwa, um über ihre Gegenstände, was sie an sich und ihrer Natur nach sind, nachzugrübeln, sondern wie wir sie zum Behuf der moralischen, auf den Endzweck aller Dinge gerichteten Grundsätze zu denken haben (wodurch sie, die sonst gänzlich leer wären, objektive praktische Realität bekommen): – so haben wir ein *freies* Feld vor uns, dieses Produkt unsrer eignen Vernunft, den allgemeinen Begriff von einem Ende aller Dinge, nach dem Verhältnis, das er zu unserm Erkenntnisvermögen hat, einzuteilen und die unter ihm stehenden zu klassifizieren.

Diesem nach wird das Ganze 1) in das *natürliche* Ende aller Dinge nach der Ordnung moralischer Zwecke göttlicher Weisheit, welches wir also (in praktischer Absicht) *wohl verstehen* können, 2) in das *mystische* (übernatürliche) Ende derselben in der Ordnung der wirkenden Ursachen, von welchen wir *nichts verstehen,* 3) *in das widernatürliche* (verkehrte) Ende aller Dinge, welches von uns selbst dadurch, daß wir den Endzweck *mißverstehen,* herbeigeführt wird, eingeteilt und in drei Abteilungen vorgestellt werden: wovon die erste soeben abgehandelt worden und nun die zwei noch übrigen folgen.

In der *Apokalypse* (X, 5–6) »hebt ein Engel seine Hand auf gen Himmel und schwört bei dem Lebendigen von Ewigkeit zu Ewigkeit, der den Himmel erschaffen hat usw.: *daß hinfort keine Zeit mehr sein soll*«.

Wenn man nicht annimmt, daß dieser Engel »mit seiner Stimme von sieben Donnern« (v. 3) habe Unsinn schreien wollen, so muß er damit gemeint haben, daß hinfort keine *Veränderung* sein soll; denn wäre in der Welt noch Veränderung, so wäre auch die Zeit da, weil jene nur in dieser stattfinden kann und ohne ihre Voraussetzung gar nicht denkbar ist.

Hier wird nun ein Ende aller Dinge als der Gegenstände der Sinne vorgestellt, wovon wir uns gar keinen Begriff machen können: weil wir uns selbst unvermeidlich in Widersprüche verfangen, wenn wir einen einzigen Schritt aus der Sinnenwelt in die intelligible tun wollen; welches hier dadurch geschieht, daß der Augenblick, der das Ende der erstern ausmacht, auch der Anfang der andern sein soll, mithin diese mit jener in eine und dieselbe Zeitreihe gebracht wird, welches sich widerspricht.

Aber wir sagen auch, daß wir uns eine Dauer als *unendlich* (als Ewigkeit) denken: nicht darum, weil wir etwa von ihrer Größe irgendeinen bestimmbaren Begriff haben – denn das ist unmöglich, da ihr die Zeit als Maß derselben gänzlich fehlt –; sondern jener Begriff ist, weil, wo es keine Zeit gibt, auch *kein Ende* statthat, bloß ein negativer von der ewigen Dauer, wodurch wir in unserer Erkenntnis nicht um einen Fußbreit weiter kommen, sondern nur gesagt werden will, daß der Vernunft in (praktischer) Absicht auf den Endzweck auf dem Wege beständiger Veränderungen nie Genüge getan werden kann: obzwar auch, wenn sie es mit dem Prinzip des Stillstandes und der Unveränderlichkeit des Zustandes der Weltwesen versucht, sie sich ebensowenig in Ansehung ihres *theoretischen* Gebrauchs genugtun, sondern vielmehr in gänzliche Gedankenlosigkeit geraten würde; da ihr dann nichts übrig bleibt, als sich eine ins Unendliche (in der Zeit) fortgehende Verändrung im beständigen Fortschreiten zum Endzweck zu denken, bei welchem die *Gesinnung* (welche nicht wie jenes ein Phänomen, sondern etwas Übersinnliches, mithin nicht in der Zeit veränderlich ist) bleibt und beharrlich dieselbe ist. Die Regel des praktischen Gebrauchs der Vernunft dieser Idee gemäß will also nichts weiter sagen als: wir müssen unsre Maxime so nehmen, als ob bei allen ins Unendliche gehenden Verändrungen vom Guten zum Bessern unser moralischer Zustand der Gesinnung nach (der homo noumenon, »dessen Wandel im Himmel ist«) gar keinem Zeitwechsel unterworfen wäre.

Daß aber einmal ein Zeitpunkt eintreten wird, da alle Verändrung (und mit ihr die Zeit selbst) aufhört, ist eine die Einbildungskraft empörende Vorstellung. Alsdann wird nämlich die ganze Natur starr und gleichsam versteinert: der letzte Gedanke, das letzte Gefühl bleiben alsdann in dem denkenden Subjekte stehend und ohne Wechsel immer dieselben. Für ein Wesen, welches sich seines Daseins und der Größe desselben (als Dauer) nur in der Zeit, bewußt werden kann, muß ein solches Leben, wenn es anders Leben heißen mag, der Vernichtung gleich scheinen: weil es, um sich in einen solchen Zustand hineinzudenken, doch überhaupt etwas denken muß, *Denken* aber ein Reflektieren enthält, welches selbst nur in der Zeit geschehen kann. – Die Bewohner der andern Welt werden daher so vorgestellt, wie sie nach Verschiedenheit ihres Wohnorts (dem Himmel oder der Hölle) entweder immer dasselbe Lied, ihr Hallelujah, oder ewig ebendieselben Jammertöne anstimmen (XIX, 1–6; XX, 15): wodurch der gänzliche Mangel alles Wechsels in ihrem Zustande angezeigt werden soll.

Gleichwohl ist diese Idee, so sehr sie auch unsre Fassungskraft übersteigt, doch mit der Vernunft in praktischer Beziehung nahe verwandt. Wenn wir den moralisch-physischen Zustand des Menschen hier im Leben auch auf dem besten Fuß annehmen, nämlich eines beständigen Fortschreitens und Annäherns zum höchsten (ihm zum Ziel ausgesteckten) Gut: so kann er doch (selbst im Bewußtsein der Unveränderlichkeit seiner Gesinnung) mit der Aussicht in eine ewig dauernde Veränderung seines Zustandes (des sittlichen sowohl als physischen) die *Zufriedenheit* nicht verbinden. Denn der Zustand, in welchem er itzt ist, bleibt immer doch ein Übel vergleichungsweise gegen den bessern, in den zu treten er in Bereitschaft steht; und die Vorstellung eines unendlichen Fortschreitens zum Endzweck ist doch zugleich ein Prospekt in eine unendliche Reihe von Übeln, die, ob sie zwar von dem größern Guten überwogen werden, doch die Zufriedenheit nicht stattfinden lassen, die er sich nur dadurch, daß der *Endzweck* endlich einmal *erreicht* wird, denken kann.

Darüber gerät nun der nachgrübelnde Mensch in die *Mystik* (denn die Vernunft, weil sie sich nicht leicht mit ihrem immanenten, d. i. praktischen Gebrauch begnügt, sondern gern im Transzendenten etwas wagt, hat auch ihre Geheimnisse), wo seine Vernunft sich selbst und, was sie will, nicht versteht, sondern lieber schwärmt, als sich, wie es einem intellektuellen

Bewohner einer Sinnenwelt geziemt, innerhalb den Grenzen dieser eingeschränkt zu halten. Daher kommt das Ungeheuer von System des *Laokiun* von dem *höchsten* Gut, das im *Nichts* bestehen soll: d.i. im Bewußtsein, sich in den Abgrund der Gottheit durch das Zusammenfließen mit derselben und also durch Vernichtung seiner Persönlichkeit verschlungen zu *fühlen;* von welchem Zustande die Vorempfindung zu haben, sinesische Philosophen sich in dunkeln Zimmern mit geschlossenen Augen anstrengen, dieses ihr *Nichts* zu denken und zu empfinden. Daher der *Pantheism* (der Tibetaner und andrer östlichen Völker); und der aus der metaphysischen Sublimierung desselben in der Folge erzeugte *Spinozism:* welche beide mit dem uralten *Emanationssystem* aller Menschenseelen aus der Gottheit (und ihrer endlichen Resorption in ebendieselbe) nahe verschwistert sind. Alles lediglich darum, damit die Menschen sich endlich doch einer *ewigen Ruhe* zu erfreuen haben möchten, welches denn ihr vermeintes seliges Ende aller Dinge ausmacht; eigentlich ein Begriff, mit dem ihnen zugleich der Verstand ausgeht und alles Denken selbst ein Ende hat.

Das Ende aller Dinge, die durch der Menschen Hände gehen, ist, selbst bei ihren guten Zwecken, *Torheit:* das ist, Gebrauch solcher Mittel zu ihren Zwecken, die diesen gerade zuwider sind. *Weisheit,* d.i. praktische Vernunft in der Angemessenheit ihrer dem Endzweck aller Dinge, dem höchsten Gut, völlig entsprechenden Maßregeln, wohnt allein bei Gott; und ihrer Idee nur nicht sichtbarlich entgegen zu handeln, ist das, was man etwa menschliche Weisheit nennen könnte. Diese Sicherung aber wider Torheit, die der Mensch nur durch Versuche und öftre Veränderung seiner Plane zu erlangen hoffen darf, ist mehr »ein Kleinod, welchem auch der beste Mensch nur nachjagen kann, ob er es etwa *ergreifen möchte*«; wovon er aber niemals sich die eigenliebige Überredung darf anwandeln lassen, viel weniger darnach verfahren, als ob er es *ergriffen*

habe. – Daher auch die von Zeit zu Zeit veränderten, oft wider-
sinnigen Entwürfe zu schicklichen Mitteln, um *Religion in
einem ganzen Volk lauter und zugleich kraftvoll* zu machen; so
daß man wohl ausrufen kann: Arme Sterbliche, bei euch ist
nichts beständig, als die Unbeständigkeit!

Wenn es indes mit diesen Versuchen doch endlich einmal so
weit gediehen ist, daß das Gemeinwesen fähig und geneigt ist,
nicht bloß den hergebrachten frommen Lehren, sondern auch
der durch sie erleuchteten praktischen Vernunft (wie es zu einer
Religion auch schlechterdings notwendig ist) Gehör zu geben;
wenn die (auf menschliche Art) Weisen unter dem Volk nicht
durch unter sich genommene Abreden (als ein Klerus), sondern
als Mitbürger Entwürfe machen und darin größtenteils über-
einkommen, welche auf unverdächtige Art beweisen, daß ihnen
um Wahrheit zu tun sei; und das Volk wohl auch im Ganzen
(wenngleich noch nicht im kleinsten Detail) durch das allgemein gefühlte, nicht auf Autorität gegründete Bedürfnis der
notwendigen Anbauung seiner moralischen Anlage daran Interesse nimmt: so scheint nichts ratsamer zu sein, als jene nur
machen und ihren Gang fortsetzen zu lassen, da sie einmal, was
die *Idee* betrifft, der sie nachgehn, auf gutem Wege sind; was
aber den Erfolg aus den zum besten Endzweck gewählten
Mitteln betrifft, da dieser, wie er nach dem Laufe der Natur
ausfallen dürfte, immer ungewiß bleibt, ihn der *Vorsehung* zu
überlassen. Denn man mag so *schwergläubig* sein, wie man will,
so muß man doch, wo es schlechterdings unmöglich ist, den Erfolg aus gewissen nach aller menschlichen Weisheit (die, wenn
sie ihren Namen verdienen soll, lediglich auf das Moralische
gehen muß) genommenen Mitteln mit Gewißheit vorauszu-
sehen, eine Konkurrenz göttlicher Weisheit zum Laufe der Natur auf praktische Art glauben, wenn man seinen Endzweck
nicht lieber gar aufgeben will. – Zwar wird man einwenden:
Schon oft ist gesagt worden, der gegenwärtige Plan ist der
beste; bei ihm muß es von nun an auf immer bleiben, das ist itzt

ein Zustand für die Ewigkeit. »Wer (nach diesem Begriffe) gut ist, der ist immerhin gut, und wer (ihm zuwider) böse ist, ist immerhin böse« (Apokal. XXII, 11): gleich als ob die Ewigkeit und mit ihr das Ende aller Dinge schon jetzt eingetreten sein könne; – und gleichwohl sind seitdem immer neue Plane, unter welchen der neueste oft nur die Wiederherstellung eines alten war, auf die Bahn gebracht worden, und es wird auch an *mehr letzten* Entwürfen fernerhin nicht fehlen.

Ich bin mir so sehr meines Unvermögens, hierin einen neuen und glücklichen Versuch zu machen, bewußt, daß ich, wozu freilich keine große Erfindungskraft gehört, lieber raten möchte: die Sachen so zu lassen, wie sie zuletzt standen und beinahe ein Menschenalter hindurch sich als erträglich gut in ihren Folgen bewiesen hatten. Da das aber wohl nicht die Meinung der Männer von entweder großem oder doch unternehmendem Geiste sein möchte: so sei es mir erlaubt, nicht sowohl, was sie zu tun, sondern wogegen zu verstoßen sie sich ja in acht zu nehmen hätten, weil sie sonst ihrer eignen Absicht (wenn sie auch die beste wäre) zuwider handeln würden, bescheidentlich anzumerken.

Buddha

Weltglück und Erlösung

Also habe ich gehört.

Einstmals verweilte der Erhabene zu Svātthī, im Jetavana, dem Garten des Anāthapindika.

Zu der Zeit saßen viele Mönche nach dem Mahl, vom Almosengang zurückgekehrt, in der Empfangshalle beisammen. Da erhob sich unter ihnen dies Gespräch: »Wer, Freunde, von diesen beiden Königen hat größeren Reichtum, größere Habe, größere Schätze, größeres Reich, größeren Troß, größere Kraft, größere Majestät, größere Gewalt, der Magadhakönig Seniya Bimbisāra oder der Kosalakönig Pasenadi?«

Dieses Gespräch war eben unter den Mönchen im Gange. Der Erhabene aber, als er zur Abendzeit sich aus der Zurückgezogenheit erhoben hatte, ging zur Empfangshalle und setzte sich dort auf dem Sitz nieder, der für ihn bereitet war. Wie er dort saß, sprach er zu den Mönchen also: »Unter was für Gesprächen, ihr Mönche, sitzt ihr hier beisammen, und was für ein Gespräch habt ihr da unterbrochen?«

»Wie wir nach dem Mahl, Herr, in der Empfangshalle versammelt saßen, erhob sich unter uns dies Gespräch: ›Wer, Freunde, von diesen beiden Königen ...?‹ Dies Gespräch, Herr, haben wir unterbrochen, als der Erhabene gekommen ist.«

»Das schickt sich, ihr Mönche, nicht für euch, Söhne edler Geschlechter, die ihr im Glauben die Welt verlassen habt, um euch der Heimatlosigkeit zuzuwenden, daß ihr solcherlei Reden führt. Wenn ihr versammelt seid, ihr Mönche, so steht euch zweierlei an: Reden von der Lehre oder edles Schweigen.«

Solches bedenkend, tat der Erhabene zu der Zeit den Ausruf:

»Alle Freuden der Weltlüste
Und die Freuden der Himmelswelt
Den kleinsten Teil nicht aufwiegen
Der Freud' am Durstesuntergang.«

Also habe ich gehört.

Einstmals verweilte der Erhabene zu Anupiyā im Mangohain.

Zu der Zeit pflegte der ehrwürdige Bhaddiya, der Sohn der Kātigodhā, wenn er im Walde weilte oder am Fuß eines Baumes weilte oder in einem leeren Gemach weilte, einmal über das andre den Ausruf zu tun: »O das Glück! O das Glück!«

Da hörten viele Mönche, wie der ehrwürdige Bhaddiya, der

Sohn der Kāligodhā, wenn er im Walde weilte ... Wie sie das hörten, dachten sie: »Ohne Zweifel, Freunde, führt der ehrwürdige Bhaddiya, der Sohn der Kāligodhā, den heiligen Wandel mit Widerstreben, da er früher im Weltleben königliche Freuden genossen hat. Daran gedenkt er und hat darum, wenn er im Walde weilte oder am Fuß eines Baumes weilte oder in einem leeren Gemach weilte, einmal über das andre den Ausruf getan: ›O das Glück! O das Glück!‹«

Man meldet die Sache dem Buddha. Dieser läßt den Bhaddiya kommen und fragt ihn nach dem Sinn seines Ausrufs. Er antwortet:

»Früher, Herr, als ich in der Welt lebte und königliche Freuden genoß, war im Innern des Palastes für gute Bewachung gesorgt, und außerhalb des Palastes war für gute Bewachung gesorgt. Und im Innern der Stadt ... und außerhalb der Stadt war für gute Bewachung gesorgt. Und im Innern des Landes ... und außerhalb des Landes war für gute Bewachung gesorgt. Und obwohl ich, Herr, so bewacht und beschützt war, lebte ich doch in Furcht und Angst und Argwohn und Zittern. Jetzt aber, Herr, wenn ich im Walde weile oder am Fuß eines Baumes weile oder in leerem Gemach weile, bin ich für mich allein, ohne Furcht und Angst und Argwohn und Zittern, und sorglos, frei von Aufregung von fremden Gaben mich nährend lasse ich mir zumute sein wie einem Reh. Hieran, Herr, dachte ich, wenn ich im Walde weilend oder am Fuß eines Baumes weilend oder in leerem Gemach weilend einmal über das andere den Ausruf tat: ›O das Glück! O das Glück!‹«

Solches bedenkend, tat der Erhabene zu der Zeit den Ausruf:
»Aus dessen Innern der Zorn entwich,
Der jegliche Daseinsform überwand,
Ohne Furcht, ohne Schmerz, voll Seligkeit:
Selbst Götterauge erschaut ihn nicht.«

Quellenverzeichnis

Arnold Benz (geb. 1945), Astrophysiker. – Die Zukunft des Universums. Aus: Die Zukunft des Universums. Zufall, Chaos, Gott? München 2001 (dtv 33062), S. 175–187. © Patmos Verlag GmbH & Co.KG / Artemis Verlag, Düsseldorf und Zürich 1997.

Buddha (563–483 v. Chr.), geistlicher Lehrer. – Das Erwachen. Aus: Die Weisheiten des Buddha. Übersetzt von Elisabeth Liebl. Hrsg. von Ann Bancroft. München 2002 (dtv 36296), S. 11–12. © Deutscher Taschenbuch Verlag GmbH & Co.KG, München 2002. – Weltglück und Erlösung. Aus: Die Reden des Buddha. Übersetzt von Hermann Oldenberg. Ausgewählt und mit einem Nachwort von Helwig Schmidt-Glintzer. München 2005 (dtv 34242), S. 117–119 (Kleine Bibliothek der Weltweisheit, 2).

Wilhelm Busch (1832–1908), Zeichner, Schriftsteller. – Der Vogel auf dem Leim. Aus: Gedichte. Hrsg. von Friedrich Bohne. Zürich 1974, S. 68.

Dschuang Dsi (Zhuangzi, ca. 365–290 v. Chr.), geistlicher Lehrer. – Leben lassen, gewähren lassen. Aus: Das wahre Buch vom südlichen Blütenland. Übersetzt und kommentiert von Richard Wilhelm. München 2004, S. 152–162.

Epiktet (ca. 371–240 v. Chr.), Philosoph. – Wie man gegen die Schwierigkeiten kämpfen muß. Aus: Epiktet, Teles, Musonius. Wege zum Glück. Übersetzt von Rainer Nickel. München 1991 (dtv 2269), S. 95–97. © Patmos Verlag GmbH & Co. KG/Artemis Verlag, Düsseldorf und Zürich 1983.

Erich Fromm (1900–1980), Psychologe. – Der Wille zu geben, zu teilen und zu opfern. Aus: Haben oder Sein. Die seelischen Grundlagen einer neuen Gesellschaft. Übersetzt von Brigitte Stein. Überarbeitet von Rainer Funk. München 33. Aufl. 2005 (dtv 34234), S. 124–133. © Deutsche Verlags-Anstalt, München 1976.

Khalil Gibran (1883–1931), Schriftsteller, Philosoph und Künstler. – Liebe. Aus: Der Traum des Propheten. Übersetzt von Ditte und Giovanni Bandini. München 2004 (<u>dtv</u> 34144), S. 12–14. © Deutscher Taschenbuch Verlag, München 2004.

Glückel von Hameln (Glikl bas Judah Leib, ca. 1646/47–1724), Geschäftsfrau. – »... daß ich nicht, Gott bewahre, in melancholische Gedanken sollte kommen«. Aus: Melancholie oder Vom Glück, unglücklich zu sein. Ein Lesebuch. Hrsg. von Peter Sillem. München 2. Aufl. 2002 (<u>dtv</u> 13012), S. 112–115.

Heinrich Heine (1797–1856), Dichter. – Beine hat uns zwei gegeben. Aus: Heinrich Heine, Der Tag ist in die Nacht verliebt. Gedichte. Hrsg. von Jan-Christoph Hauschild. München 2005 (<u>dtv</u> 13390), S. 144–148.

Johann Gottfried Herder (1744–1803), Theologe, Philosoph und Schriftsteller. – Der jetzige Zustand der Menschen ... Aus: Ideen zur Philosophie der Geschichte der Menschheit. Darmstadt 1966, S. 146–149.

Alexander von Humboldt (1769–1859), Naturforscher. – Die Lebenskraft oder der rhodische Genius. Aus: Ansichten der Natur. Hrsg. von Adolf Meyer-Abich. Stuttgart 2003, S. 112–117.

Mascha Kaléko (1907–1975), Dichterin. – Chanson für Drehorgel. Aus: In meinen Träumen läutet es Sturm. Gedichte und Epigramme aus dem Nachlaß. Hrsg. und eingeleitet von Gisela Zoch-Westphal. München 25. Aufl. 2006 (<u>dtv</u> 1294), S. 95. © Deutscher Taschenbuch Verlag, München 1977.

Immanuel Kant (1724–1804), Philosoph. – Das Ende aller Dinge. Aus: Berlinische Monatsschrift, Juni 1794, S. 495–522.

Sören Kierkegaard (1813–1855), Philosoph. – Mein Leben ist bis zum Äußersten gebracht. Aus: Die Krankheit zum Tode. Furcht und Zittern. Die Wiederholung. Der Begriff der Angst. Unter Mitwirkung von Niels Thulstrup und der Kopenhagener Kierkegaard-Gesellschaft hrsg. von Hermann Diem und Walter Rest. Übersetzt von Walter Rest, Günther Jungbluth und Rosemarie Lögstrup. München 2005 (dtv 13384), S. 410–414. © Deutscher Taschenbuch Verlag, München 1976, 2005.

Leszek Kołakowski (geb. 1927), Philosoph. – Von der Freiheit. Aus: Mini-Traktate zu Maxi-Themen. Übersetzt von Dietrich Scholze. Leipzig 2000, S. 72–78. © Reclam Verlag Leipzig 2000.

Konfuzius (551–479 v. Chr.), Philosoph. – Staatsregierung. Aus: Gespräche. Lun-yü. Übersetzt von Richard Wilhelm. Mit einem Nachwort von Hans van Ess. München 2006 (dtv 34246), S. 164–165 (Kleine Bibliothek der Weltweisheit, 6).

Laotse (4.–3. Jh. v. Chr.?), Philosoph. – Schaffe Leere bis zum Höchsten. Aus: Tao te king. Das Buch vom Sinn und Leben. Übersetzt von Richard Wilhelm. Mit einem Nachwort von Heiner Roetz. München 2005 (dtv 34247), S. 24. (Kleine Bibliothek der Weltweisheit, 7).

Michel de Montaigne (1533–1592), Philosoph. – Philosophieren heißt sterben lernen. Aus: Die Essais. Übertragen und ausgewählt von Arthur Franz. Stuttgart 1999, S. 52–62. © Aufbau Verlagsgruppe GmbH, Berlin 1953, 1999; (Diese Ausgabe erschien 1953 in der Sammlung Dieterich; Sammlung Dieterich ist eine Marke der Aufbau Verlagsgruppe GmbH).

Montesquieu (Charles-Louis de Secondat, Baron de la Brède et de Montesquieu, 1689–1755), Staatstheoretiker und Schriftsteller. – Glück und Unglück. Aus: Meine Gedanken. Mes Pensées. Aufzeichnungen. Auswahl, Übersetzung und Nachwort von Henning Ritter. München 2001 (dtv 12879), S. 13–17. © Carl Hanser Verlag München Wien 2000.

Friedrich Nietzsche (1844–1900), Philosoph. – Freiheit vom Ressentiment. Aus: Ecce Homo. Wie man wird, was man ist. Mit einem Nachwort von Volker Gerhardt. München 2005 (dtv 34249), S. 22–24 (Kleine Bibliothek der Weltweisheit, 9).

Blaise Pascal (1623–1662), Mathematiker und Philosoph. – Die Unsterblichkeit der Seele. Aus: Größe und Elend des Menschen. Aus den Pensées. Auswahl, Übersetzung und Nachwort von Wilhelm Weischedel. Frankfurt a. M. und Leipzig, 7. Aufl. 2001, S. 47–53. © Insel Verlag, Frankfurt a. M. 1979.

Annemarie Pieper (geb. 1941), Philosophin. – Was also ist das Glück? Aus: Glückssache. Die Kunst gut zu leben. München 4. Aufl. 2007 (dtv 30872), S. 289–301. © 2001 by Hoffmann und Campe Verlag, Hamburg.

Platon (ca. 427 v. Chr.–347 v. Chr.), Philosoph. – Wissen ist Wahrnehmen. Aus: Theaitetos. Übersetzt von O. Apelt in Verb. mit K. Hildebrandt u. a. Aus: Platon. Ausgewählt und vorgestellt von Rafael Ferber. München 1997 (dtv 30680), S. 340–350.

Drukpa Rinpoche (gest. 1989), geistlicher Lehrer. – Über Freundschaft. Aus: Tibetische Weisheiten. Übersetzt von Stephan Schuhmacher. Hrsg. von Jean-Paul Bourre. München 1999 (dtv 36143), S. 38–39. © Deutscher Taschenbuch Verlag, München 1999.

Arthur Schopenhauer (1788–1860), Philosoph. – Was man gemeinhin Glück nennt. Aus: Schopenhauer. Ausgewählt und vorgestellt von Rüdiger Safranski. München 1998 (dtv 30686), S. 174–179.

Lucius Annaeus Seneca (ca. 4 v. Chr.–65 n. Chr.), Philosoph, Dichter und röm. Senator. – Lob der Genügsamkeit. Aus: Briefe an Lucilius. Erster Teil. Übersetzt, mit Einleitungen und Anmerkungen versehen von Otto Apelt. Wiesbaden 2004, S. 336–342.

Der Sonnenhymnus des Echnaton. – Aus: Die Weisheit Ägyptens. Ausgewählt, übersetzt und mit einem Nachwort von Hermann A. Schlögl. München 2007 (dtv 34455), S. 98–102. © 2007 Verlag C. H. Beck oHG, München (Kleine Bibliothek der Weltweisheit, 17).

Kurt Tucholsky (1890–1935), Schriftsteller. – »eigentlich«. Vossische Zeitung, 14. 3. 1928.

Wilhelm Heinrich Wackenroder (1773–1798), Schriftsteller. – Ein wunderbares morgenländisches Märchen von einem nackten Heiligen. Aus: Dichtung der Romantik. Bd. 5, Hamburg 1960, S. 173–177.